基于现代农业视角的农业行政管理体制创新研究

张　梅　刘国民　著

中国农业出版社

图书在版编目（CIP）数据

基于现代农业视角的农业行政管理体制创新研究 / 张梅，刘国民著．—北京：中国农业出版社，2012.8

ISBN 978-7-109-17089-6

Ⅰ.①基… Ⅱ.①张…②刘… Ⅲ.①农业经济-行政管理-管理体制-研究-中国 Ⅳ.①F320.2

中国版本图书馆 CIP 数据核字（2012）第 191343 号

中国农业出版社出版
（北京市朝阳区农展馆北路 2 号）
（邮政编码 100125）
责任编辑　刘明昌

中国农业出版社印刷厂印刷　　新华书店北京发行所发行
2012 年 8 月第 1 版　　2012 年 8 月北京第 1 次印刷

开本：850mm×1168mm　1/32　　印张：6.875
字数：190 千字
定价：25.00 元

前　　言

当代世界农业发展已经进入到建设现代农业的新阶段。2007年中央1号文件《中共中央　国务院关于积极发展现代农业　扎实推进社会主义新农村建设的若干意见》明确提出："发展现代农业是社会主义新农村建设的首要任务。"现代农业使农业发展方式发生了根本性变革，从而对政府管理农业提出了更高的要求，农业行政管理体制必须与建设现代农业需要相适应。加入WTO后，我国农业还处在与世界农业迅速接轨的关键阶段，从现在的农业行政管理体制来看，还存在着许多与世贸规则相冲突的环节，需要加以改革。

本研究以现代农业为基础，结合新农村建设和城乡统筹发展的特殊背景，构建了提高我国农村行政管理效率的系统研究框架。首先，对现代农业及农业行政管理体制进行概念界定，对其基础理论进行综合。其次，分析我国农业行政管理体制演变的历史轨迹、发展现状，指出其存在问题。在此基础上，综合经济学相关理论，对我国农业行政管理体制进行成本—收益分析、运行效率分析和制度供给与需求分析，指出农业行政管理体制存在问题及深层原因。在对国外一些国家农业行政管理体制进行比较和借鉴的基础上，提出适应我国发展现代农业的行政管理体制的理论框架和改革路径。本研究主要分三个部分十章。

第一部分包括第一章、第二章和第三章，为农业行政管理的理论基础和现实状况分析。第一章"导言"部分，主要介绍了本研究的背景、研究目的与意义、研究方法，在分析大量国内外文献基础上着重对农村行政管理体制改革的相关研究进行了综述，做了简要的评述。第二章“相关概念界定与理论基础”，主要是对农业行政管理体制的含义及构成进行了界定，并对农业行政管理的相关理论进行了梳理和阐述。第三章“我国农业行政管理体制发展历程与现状分析”，分五个阶段对农业行政管理体制的变迁历程进行了总结，分析了我国农业行政管理体制现状，对取得的成效和存在问题进行了分析。

第二部分包括第四章、第五章和第六章，为农业行政管理的经济学分析，是本书的重点及主要创新之处。第四章“我国农业行政管理的成本和绩效分析”，探讨了政府进行农业行政管理的成本构成及分类，同时，从成本总量、投入产出、变动趋势等方面对农业行政管理成本与收益进行了深入的探讨，总结了农业行政成本管理存在的问题。第五章“我国农业行政管理体制效率分析”，以黑龙江省为例，在对农业行政管理效率进行概念界定的基础上，用DEA方法对黑龙江省农业行政管理体制运行效率进行了实证测算。第六章“农业行政管理体制的供求分析”，在调研研究的基础上，从现代农业和农业行政管理体制的供求主体——农户和农业行政管理部门的角度，结合我国农业行政管理制度的供给与需求特点，进行综合分析，其结果为最终的政策及对策建议提供科学佐证。

第三部分包括第七章、第八章、第九章和第十章，为借鉴经验，提出体制改革整体思路。第七章“国外典型国家农业行政管理特点及经验借鉴”，以美国、英国和日本为研究对象，对典型国家农业行政管理体制的特点和发展趋势进行总结，提出可资借鉴之处。第八章“我国农业行政管理体制转型设计”，对建立现代农业行政管理体制转型进行了设计，包括指导思想、原则、目标、实施方案等，提出了理念转型、职能转型和架构转型的系统方案设计。第九章“推进农业行政管理体制改革的政策建议”，从机构改革和整合职能、科学化管理、理顺内外部关系等方面提出推进农业行政管理体制改革的针对性措施。第十章“结论与展望”，简要总结全书，提出重要结论，对未来研究和发展方向做出展望。

本研究立足于现代农业发展和农户需求的角度，提出了我国农业行政管理体制创新的思路和理论框架。本研究的可能创新之处为以下几点：

（1）研究角度具有原创性和创新性。本研究主要是针对现代农业的特定背景，研究角度具有创新性。本书指出：适应性的农业行政管理体制是建设现代农业的基础，现代农业行政管理体制的构建必须以现代农业为背景。农业行政管理体制从制度层面来看是一种管理制度，它对农业经济制度有决定性的影响，农业经济制度安排反映国家管理农业的意识形态，它可以决定经济制度施行的空间，对经济制度起制约作用，从而通过一定的约束和激励机制影响到微观组织的运行绩效，最终影响到宏观经济目标的实现。因此，现代农业宏伟目标的实现也取决于农业行政体制是否能与之相适应。同时，农业行政管理体制必须符合现代农业发展需要，这对农业行政管理的手段、职能划分和运作机制等提出了更高的要求，需要对现行农业行政管理体制进行变革，使之符合现代农业发展的需要。

（2）研究方法的科学性和可行性。本研究采用 DEA 方法对农业行政管理体制的效率进行测算，方法具有科学性。以黑龙江为例，对农业行政管理效率进行了实证分析。结果发现：2004—2006 年黑龙江省农业行政管理效率低于 2003 年，且规模递减。说明我国农业行政管理在新的农业发展形势面前逐渐不适应，管理效率下降，必须以现代农业为服务目标，进行改革。

（3）对我国农业行政管理的成本进行了总量和结构分析。总体情况是，我国的农业行政管理成本与收益之间不协调。从年均增长率来看，农业行政管理费用的增长率要大于国家财政支出和 GDP 的增长率，这说明我国的农业行政成本不仅仅是在总量上增加了，而且其速度增长较快。但是以 GDP 与行政管理经费的比值为指标对农业行政管理效率的测算结果发现，1985—2006年等量农业行政管理成本发挥的效益在不断下降。而且从农业财政支农的结构上看，事业费近些年来占到80%以上，挤占了生产性支出和科研、推广等公共服务费用。

（4）构建了我国农业行政管理体制转型的理论框架。主要从三个方面进行创新：一是理念转型。就是要树立适应市场经济发展和时代需要的新的管理观：从管理和控制导向的管理到服务导向的管理、从封闭型政府向公开透明政府转型、由集权向分权转变。二是职能转型，就是确立我国农业行政管理部门在经济调节、公共服务、市场监管和社会事务方面的基本职能，同时要创新管理方式。三是架构转型。以大部制改革为基础方向，按照农业行政管理职能进行横向整合，并纵向压缩管理层级。

本研究采用的研究方法多样化。主要采取以下几种方法：①比较分析法。对国外一些国家农业行政管理体制的模式、运行机制、手段及目标进行比较分析，总结出对我国的借鉴意义。②实证分析法。通过成本收益分析，研究我国农业行政管理的成本变化趋势，用DEA方法验证我国农业行政管理部门的行政效率。③制度经济学方法。农业行政管理体制是各种农业管理制度的总和，它和制度密切相关，在本研究中广泛用到制度经济学的理论，如行政成本分析和制度非均衡分析等。④案例分析法。以黑龙江省为例，对黑龙江省的农业行政管理体制运行情况进行重点调查和分析。⑤历史分析法。农业行政管理体制有其历史演变轨迹，因此，通过对农业行政管理体制的梳理，有助于对现有农业行政管理体制改革创新的分析。⑥调查问卷法。在对农业行政管理体制供需主体进行均衡分析时，针对黑龙江省双鸭山市、哈尔滨市、密山市等地农业行政部门管理人员和农户进行调查，了解农业行政管理体制的供需状况。

目　　录

前言

第一章　导言 …… 1

1.1　研究的背景、目的与意义 …… 1

1.1.1　研究的背景 …… 1

1.1.2　研究的目的 …… 4

1.1.3　研究的意义 …… 5

1.2　国内外研究动态及评述 …… 6

1.2.1　国外研究综述 …… 6

1.2.2　国内研究综述 …… 10

1.2.3　国内外研究文献的简要评述 …… 12

1.3　研究的思路与方法 …… 13

1.3.1　研究的思路 …… 13

1.3.2　研究的方法 …… 14

第二章　相关概念界定与理论基础 …… 16

2.1　现代农业的含义与特征 …… 16

2.1.1　现代农业的含义 …… 16

2.1.2　现代农业的特征 …… 18

2.2　行政管理和行政管理体制的含义 …… 21

2.2.1　行政管理的含义 …… 21

2.2.2　行政管理体制的含义 …… 23

2.3　农业行政管理体制的含义及构成 …… 24

2.4 实施政府管理农业的理论基础 …… 27
2.4.1 农业产业的弱质性 …… 27
2.4.2 市场机制的不健全 …… 27
2.5 现代农业和农业行政管理体制的关联性分析 …… 28
2.5.1 适应性的农业行政管理体制是建设现代农业的基础 …… 28
2.5.2 现代农业行政管理体制必须以现代农业为背景 …… 29
2.6 研究的理论基础 …… 30
2.6.1 新公共管理运动与公共选择理论 …… 30
2.6.2 制度和制度变迁理论 …… 33
2.6.3 福利经济函数和经济剩余 …… 35
2.6.4 行政组织变革理论 …… 36
2.7 本章小结 …… 38

第三章 我国农业行政管理体制发展历程与现状分析 …… 39

3.1 我国农业行政管理体制发展历程 …… 39
3.1.1 改革前的农业行政管理体制 …… 39
3.1.2 改革后的农业行政管理体制 …… 41
3.2 我国农业行政管理体制发展现状 …… 45
3.2.1 组织结构与职能 …… 45
3.2.2 运行机制 …… 49
3.3 我国农业行政管理体制改革的成就及存在的问题 …… 51
3.3.1 我国农业行政管理体制改革取得的成就 …… 51
3.3.2 我国农业行政管理体制存在的问题 …… 54
3.4 本章小结 …… 59

第四章 我国农业行政管理的成本和绩效分析 …… 60

4.1 农业行政管理成本的含义及构成 …… 60
4.1.1 农业行政成本的含义 …… 60
4.1.2 农业行政管理成本的构成 …… 63

4.2　农业行政管理成本的定量分析 …… 65
4.2.1　核算指标及核算时间说明 …… 65
4.2.2　农业行政管理成本的趋势分析 …… 68
4.3　农业行政管理成本存在的问题及措施探讨 …… 74
4.3.1　农业行政管理成本管理存在的问题 …… 74
4.3.2　加强农业行政成本管理的措施 …… 77
4.4　农业行政管理的绩效分析 …… 78
4.4.1　农业综合实力和人均收入得到较快增长 …… 79
4.4.2　公共产品提供得到加强 …… 80
4.4.3　农业市场化改革不断深入 …… 83
4.5　本章小结 …… 85

第五章　我国农业行政管理效率分析——以黑龙江省为例 …… 87

5.1　我国农业行政管理效率的理论范畴 …… 87
5.2　分析方法 …… 89
5.2.1　评价方法的引入 …… 89
5.2.2　农业行政部门管理效率评价的基本流程 …… 91
5.3　实证分析 …… 96
5.3.1　2003—2006年4个决策单元处理 …… 96
5.3.2　加入对比单元处理结果 …… 98
5.3.3　结果分析 …… 100
5.4　本章小结 …… 101

第六章　农业行政管理体制的供求分析 …… 102

6.1　农业行政管理体制的供求分析——基于现代农业的视角 …… 102
6.1.1　农业行政管理体制的需求分析 …… 103
6.1.2　农业行政管理体制的供给分析 …… 104

6.1.3 综合分析 …… 108
6.2 农业行政管理体制的供求分析
——基于制度供需主体的视角 …… 110
6.2.1 农业行政管理体制的需求分析 …… 110
6.2.2 农业行政管理体制的供给分析 …… 116
6.2.3 综合分析 …… 118
6.3 本章小结 …… 120

第七章 国外典型国家农业行政管理特点及经验借鉴 …… 122

7.1 典型国家农业行政管理体制概述 …… 122
7.1.1 美国的农业行政管理体制 …… 122
7.1.2 英国的农业行政管理体制 …… 130
7.1.3 日本的农业行政管理体制 …… 135
7.2 发达国家农业行政管理体制的共同特点 …… 140
7.2.1 较大的权力范围和较宽的管理权限 …… 140
7.2.2 农业行政管理的法制化 …… 141
7.2.3 统一的宏观调控及调控手段多样化 …… 141
7.2.4 产业关联管理模式 …… 142
7.2.5 注重与非政府农业服务机构的合作 …… 143
7.2.6 坚持服务理念 …… 143
7.3 国外农业行政管理体制的变革趋势分析
——以美国为例 …… 144
7.3.1 在管理内容上更加注重环境保护和食品安全 …… 144
7.3.2 构建更为安全和合理的农业收入和价格支持网络 …… 146
7.3.3 行政管理体制的分权化、公共服务的市场化
导向和契约管理 …… 149
7.4 发达国家农业行政管理体制建设对我国的启示 …… 151
7.4.1 强化农业管理部门的纵向管理与横向管理 …… 151
7.4.2 构建完善的法制环境 …… 152

7.4.3　完善管理手段 ………………………………………………… 152
7.4.4　发挥非政府部门在农业领域的效率优势 ………………… 153
7.4.5　加快现代农业管理体制人才建设 …………………………… 153
7.5　本章小结 ……………………………………………………………… 153

第八章　我国农业行政管理体制转型设计 ……………………… 155

8.1　农业行政管理体制改革的目标、指导思想与原则 …… 155
8.1.1　改革目标 ……………………………………………………… 155
8.1.2　指导思想 ……………………………………………………… 156
8.1.3　基本原则 ……………………………………………………… 156
8.2　农业行政管理体制改革的设想与构建 ……………………… 158
8.2.1　我国农业行政管理的理念转型 …………………………… 158
8.2.2　我国农业行政管理的职能转型 …………………………… 161
8.2.3　我国农业行政管理的架构转型 …………………………… 164
8.3　本章小结 ……………………………………………………………… 167

第九章　推进农业行政管理体制改革的政策建议 …………… 168

9.1　通过机构改革逐步整合农业部门管理职能 ……………… 168
9.2　协调和理顺农业行政管理系统内外部关系 ……………… 169
9.2.1　处理好政府与市场之间的关系 …………………………… 169
9.2.2　处理好部门之间的关系 …………………………………… 170
9.2.3　明确中央政府与地方政府农业管理部门之间的关系 …… 170
9.3　实施农业行政管理科学化管理 ……………………………… 171
9.3.1　实施多样化的管理手段 …………………………………… 171
9.3.2　实施信息化的行政管理方式 ……………………………… 172
9.4　加强农业公共产品提供服务 ………………………………… 172
9.4.1　强化政府在农业信息体系建设的服务职能 …………… 173
9.4.2　加强政府的教育、推广和科研服务职能 ……………… 173
9.5　积极推进与非政府部门在农业行政

管理领域的合作 …… 174
9.6 实施人力资源管理策略 …… 174

第十章 结论与展望 …… 176

10.1 结论 …… 176
10.2 展望 …… 178

附录 …… 180
参考文献 …… 197
后记 …… 207

第一章 导 言

1.1 研究的背景、目的与意义

农业行政管理指农业行政管理部门对涉及农业方面社会公共事务而进行的各项管理活动。农业行政管理体制就是农业行政部门在一定历史时期内根据社会的需要，为保障对涉及农业和农村经济发展的各项社会事务进行管理而建立的组织和制度体系。在市场经济条件下，农业资源配置是通过价值规律和竞争规律来实现的，市场在资源配置中起着基础性作用。然而，农业又是一个特殊的产业，一个相对弱质的产业，与工业等其他产业相比，农业对政府存在着非常大的依赖性，农业生产效率与农业行政管理效率之间的关系十分密切。我们只有科学、辩证、完整地看待市场和政府——“看不见的手”和“看得见的手”的作用，才能切实发挥市场在国家宏观调控下对资源配置的基础性作用。

1.1.1 研究的背景

当代世界农业发展已经进入到建设现代农业的新阶段。现代农业是传统农业发展的必然，是一次全方位的变革，其中农业管理体制改革相当紧要、迫切。现代农业不再局限于传统的种植业、养殖业等农业部门，而是包括了生产资料工业、食品加工业等第二产业和交通运输、技术和信息服务等第三产业的内容，原有的第一产业扩大到第二产业和第三产业。现代农业成为一个与发展农业相关、为发展农业服务的产业群体。这个围绕着农业生产而形成的庞大的产业群，在市场机制的作用下，与农业生产形成稳定的相互依赖、相互促进的利益共同体。农业发展方式的根本性变革，使农业对政府宏观调控和管理的要求更高了、更复杂了，这就要求行政管理体制必须与建设现代农业需要相适应。精简、高效的农业行政管理机构、更为丰富的农业行政管理手段、更为宽泛的农业行政管理内容、更为明确的农业行政管理目标和更为宽松的发展环境，成为发展现代农业的必然要求。

我国正处在由传统农业向现代农业转变的重要时期。2007 年中共中央 1 号文件《中共中央　国务院关于积极发展现代农业　扎实推进社会主义新农村建设的若干意见》明确提出："发展现代农业是社会主义新农村建设的首要任务，是以科学发展观统领农村工作的必然要求。推进现代农业建设，顺应我国经济发展的客观趋势，符合当今世界农业发展的一般规律，是促进农民增加收入的基本途径，是提高农业综合生产能力的重要举措，是建设社会主义新农村的产业基础。"我国加快现代农业建设，进一步解放和发展生产力，为农业经济发展和农村社会全面进步注入强大动力，必须要进一步深化改革农业管理体制，释放管理创新的生产力，着力推动农业和农村经济的全面发展。这就必须要有一个有利于我国传统农业向现代农业转变的运转协调、灵活高效、政策透明的现代农业管理体制，强化农业部门的协调、管理、执法、服务等职能，以达到加强对农产品生产、流通、进出口贸易的宏观调控，不断健全农业社会服务体系，逐步改变城乡二元经济结构，促进区域经济协调发展，加强农业基础设施建设，强化生态环境治理、水土保持和耕地保护，大力改善农业生产条件，确保农业可持续发展，为建设现代农业营造一个良好的软环境。

我国农业还处在与世界农业迅速接轨的关键阶段。我国于 2001 年 12 月加入 WTO，标志着我国经济与世界经济开始全面接轨。在农业方面，WTO 规则对政府宏观管理提出了更高的要求和强有力的约束。WTO 规则的主要应对主体是政府，它主要以减少农产品市场扭曲和政府干预为目的。世贸组织与中国达成的所有规则，几乎全部都是针对国内行政管理体制的。农业协议也不例外，关于农产品的关税减让、进口配额、出口补贴、国内支持等无一不是针对农业行政管理体制的，需要政府来执行，这就对政府在农业生产中的管理方式和管理手段提出了要求。总的发展趋势是与市场经济体制建设要求相适应，减少政府对农业领域的不适当干预和不恰当管理。但是从我国现在农业行政管理体制来看，还存在着许多与规则相冲突的环节，需要加以改革。此外，中国加入 WTO 也使中国农业面临着更为严峻的竞争环境，改革现有的农业行政管理体制，也是提高我国农业国际竞争力和农产品生产和经营效率的关键。

农业行政管理体制改革也是我国国家机构改革的重要组成部分。近几年，为适应市场经济要求，我国政府的行政管理体制改革速度加快，2005 年 10 月，《中共中央关于制定“十一五”规划的建议》提出“着力推进行政管理体制改革。加快政府行政管理体制改革，是全面实行改革和提高对外开放水平的关键”，这表明未来几年内政府进行自身的建设和改革已经成为经济体制改革的中心和重点。2008 年 2 月 27 日，中国共产党第十七届中央委员会第二次全体会议通过《关于深化行政管理体制改革的意见》和《国务院机构改革方案》，指出了深化行政管理体制改革的必要性和急迫性，提出了深化行政管理体制改革的指导思想、目标和和原则，指出要转变政府行政管理职能和加快推进政府行政管理体制改革，并在加大机构整合力度、探索职能有机统一的大部门体制等方面迈出重要步伐。同时，会议还提出，按照到 2020 年建立起比较完善的中国特色社会主义行政管理体制的总目标，坚持统筹兼顾、突出重点、积极稳妥、分步实施，坚定不移地把行政管理体制改革推向前进，推动构建充满活力、富有效率、更加开放、有利于科学发展的体制机制，为改革开放和社会主义现代化建设提供重要制度保障。目前我国正积极推进大部制改革，交通、能源、人力资源等部门的大部制改革已经推开。虽然农业行政管理体制大部制改革尚未实施，但是从发展趋势来看，实行农业行政管理体制的大部制改革势在必行。2008 年 10 月发布的《中共中央关于推进农村改革发展若干重大问题的决定》已经明确提出“建立职能明确、权责一致、运转协调的农业行政管理体制。”从国外农业行政管理体制经验来看，实行部门整合，有利于减少行政管理成本、有利于促进农业领域的资源整合。但由于我国涉农管理部门众多、层级复杂、涉及面广，农业行政管理体制的改革实施较为困难，必须坚持在科学论证的基础上才能进行。

1.1.2 研究的目的

传统的农业行政管理体制主要立足于封闭的竞争环境，解决粮食供给需要是政策的出发点，实行政府直接管理是主要的调控手段。在发展现代农业背景下，开放的国际市场竞争环境使本国农业面临着较大的竞争压力。这种情况下，如何协调好政府与市场、企业、农户的关系，形成较强的激励和控制机制，提高农业行政管理的效率成为提高农业竞争力的焦点问题。本研究的目的主要体现于以下几个方面：

（1）为建立适应现代农业发展需要的农业行政管理体制提供理论依据

深化行政管理体制改革是“十一五”规划的重要任务，是深化改革和扩大对外开放的关键。2007 年中共中央 1 号文件提出了建设现代农业的战略任务，但是基于现代农业视角的农业行政管理体制研究是不系统的。本研究力图从建设现代农业的前提出发，尽可能全面阐述国内外相关改革理论，并利用经典理论分析解决我国农业行政管理体制的问题，为进一步推进我国农业行政管理体制改革奠定理论基础。

（2）为农业行政管理部门机构整合与转变职能提供决策参考

对我国农业行政管理体制发展历史、现状与存在问题进行研究，从而有助于正确判断我国农业行政管理体制的现实状况，有助于准确把握我国农业行政管理体制中存在的主要问题与矛盾，有助于以建设现代农业为标尺全面认识制约我国农业行政管理体制运行效率的主要原因，从而为有关部门提供决策参考。同时，本研究充分借鉴国外先进经验，提出我国农业行政管理体制改革的理论转型、职能转型和架构转型的基本思路，以及具有可操作性的政策建议。

1.1.3　研究的意义

本研究基于现代农业为研究背景，从提高行政效率的角度提出优化我国农业行政管理体制改革的发展模式和政策建议，具有一定的理论价值和现实意义。

（1）研究的理论意义

深化行政管理体制改革是“十一五”规划的重要任务，是深化改革和扩大对外开放的关键。2007 年中共中央 1 号文件提出了建设现代农业的方针政策，但针对这个背景，对农业行政管理体制从职能调整、目标、方式、绩效评价等方面进行系统地理论研究是缺乏的，因此，本研究可以为进一步推进我国农业行政管理体制改革提供理论依据。另外，本研究针对现代农业、新农村建设和城乡统筹的背景，从效率出发，对我国农村管理体制改革从经济学角度进行分析，其目的在于提高我国农业行政管理部门的行政效率，深化现代农业建设，拓展了农业行政管理体制改革研究的理论视角。

（2）研究的现实意义

针对现代农业背景，本研究以效率为出发点，构建了农业行政管理体制改革的系统的理论研究框架，并提出可操作性的政策建议，可以为政府管理部门进行职能转换、角色定位、降低管理成本、提高行政效率提供参考。现代农业的实现目标之一是实现管理方式现代化，其中很重要的一方面是实现政府管理职能和手段的现代化，进行相关理论研究，可以为进一步促进现代农业建设提供技术支持。

1.2 国内外研究动态及评述

1.2.1 国外研究综述

发达国家一般在20世纪七八十年代完成了现代农业的建设进程，在这个过程中农业行政管理体制的理论研究随着实践进程而不断推进。从国外相关文献可以看出，单纯研究农业行政管理体制的较少，更多注重的是相关理论的研究，主要集中于以下几个方面：一是政府在经济发展中的职能作用研究；二是关于政府的管理效率的研究；三是关于政府组织与非政府组织关系的研究。

（1）关于政府在经济发展中的职能作用的研究

最早的关于政府职能作用理论来源于亚当·斯密的《国富论》，他主张经济上实行自由放任，减少政府干预。他把政府的角色定义为"守夜人"，认为政府主要履行以下职能：一是保护社会，使之不受其他独立社会的侵犯；二是尽可能保护社会上每个人，使之不受社会上任何其他人的侵害或压迫；三是建设并维持某些公共事业和公共设施（亚当·斯密，1972）。亚当·斯密的理论经约翰·穆勒和李嘉图的综合而得以发展，最终形成以自由放任为主张的新古典经济学。后由于世界性经济危机的爆发，凯恩斯提出有效需求理论，他认为危机产生的原因在于有效需求不足，政府主要利用财政政策和货币政策实行经济干预（凯恩斯，1936）。20世纪70年代后，西方国家产生了"滞胀"现象，标志着凯恩斯主义的失灵，从而导致了自由放任思想的回归，代表学派是弗里德曼的货币主义学派和卢卡斯代表的理性预期学学派。20世纪70年代起，西方资本主义国家进行了政治改革运动，90年代的财政和信用危机导致人们对政府干预开始深思，但不是回归自由放任，而是实行最低程度的干预。斯蒂格利茨在《经济学》一书中认为：政府在经济中的主要作用是资源和收入再分配和经济稳定，“政府的主要功能是补充市场，而不是替代市场。”

新制度经济学则从另一个角度对政府的职能进行了研究。新制度学者对国家在经济增长和制度变迁过程中的角色和职能进行了分析。在国家在经济增长中的作用方面，诺思指出：在使统治者和他的集团的租金最大化的所有权结构与降低交易成本和促进经济增长的有效率的体制之间，国家的两大目的间存在着持久的冲突。这阐述了“诺思悖论”理论，说明国家在制订各种政策时要在追求国家租金最大化和建立有效率的所有制产权之间进行权衡。权衡的结果国家既可能成为经济增长的制度源泉，也可能成为经济衰退的关键因素。在对国家在制度变迁的作用方面，新制度学家认为国家在两种变迁形式中所起的作用是不同的。在透致性变迁形式中，国家的作用是辅助性的。在强制性变迁过程中，由于国家或政府就是新制度安排的创立者和实施主体，因此，国家在其中起决定性作用。由于国家是一个在暴力方面拥有垄断优势的组织，因此，通过国家的强制力量推行制度变迁往往能使新制度在最短的时间和以最快的速度替代旧制度，减少在制度变迁进程中可能产生的不必要的摩擦成本，从而具有较高的效率水平。国家除了运用强制性力量促进和加速制度变迁的进程外，还可以通过控制意识形态、运用税收和价格等经济杠杆，减少或控制经济运行中的搭便车现象，其直接效果在于能减少制度变迁中的组织成本与实施成本，从而降低制度变迁的交易成本。

（2）关于政府绩效的研究

西方国家的政府绩效评估开创较早，美国最早的政府绩效评估为 20 世纪的罗斯福新政时期，其标志是 1937 年古利克和厄威克提交给总统行政管理委员会的著名报告。在新政之前虽然也有政府部门绩效评估，但以评估个人绩效为主，而之后的评估主要侧重于组织绩效的评估。费雷德里克森在其著作《新公共行政学》中认为美国的公共行政在其百年历程中，经历了三次阶段的演变。并提出了新公共管理范式（New Public Management），即以经济学和私营部门管理为理论基础，摒弃公共服务供给传统中的官僚制独占模式，引入各种市场竞争机制；借鉴私人部门的管理技术与激励手段，强调公共部门的顾客导向，注重结果基于注重原则等。一些学者对如何提高政府绩效也在理论上进行了阐述。澳大利亚学者欧文·E. 休斯对政府绩效管理、政府角色和政府规模进行了研究。美国学者帕特里夏·基利和史蒂文·梅德林等著的《公共部门标杆管理：突破政府绩效瓶颈》指出：运用标杆管理这种强有力的最前沿的管理手段能够极大地提高政府绩效。美国学者马克·G 波波维奇所著的《创建高绩效政府组织》精辟地指出了政府改革成功的关键在于提高政府绩效，并对创建高绩效政府的途径进行了深刻、透彻的论述与分析。美国学者奥斯本和盖布勒在《改革政府》一书中，主张用企业精神来改革政府，借以克服官僚主义，提高政府绩效。奥斯本与盖布勒总结的改革经验及提出的重塑政府理论影响很大，甚至受到美国前总统克林顿的青睐。

（3）关于非政府组织（第三部门）的研究

在当代社会科学研究中，非政府组织研究（Non-governmental Organizations，NGOs）正吸引着越来越多学人的关注，是一个正在兴起的、跨学科研究领域。人们意识到，在国内事务中，政府所面对的并不一定是处于离散的个体状态的大众，政府也不可能与每个个人产生互动；相反，在公与私之间、在政府与个人之间，往往存在着一些组织形态。但这些组织形态又不同于公司商号之类早已有之且主要出于经营者的个人私利而创建和活动的组织，相反，它们专门从事政府和私营企业不愿做、不常做和做不好的事情。随着社会生活的复杂化，这类“非政府组织”在越来越多的社会领域中承担着日益广泛的功能，并且与政府组织和私人营利企业之间有着复杂的互动关系。Burton Weisbrod提出，着眼于需求方面（Need-side）的考察和研究，市场失灵/政府失灵理论所强调的是，在市场体系即个别消费者与生产者之间的交易无法提供公共物品的情况下，政府也无法合理有效地向选择偏好差异较大的消费者提供能够满足其特殊需求或过度需求的公共物品，非政府组织因此应运而生：向需求较高的人群提供额外的公共物品，向需求特殊的人群提供特别的公共物品。而Andrew Green和Ann Mathias等人则从契约失灵理论的角度强调，由于信息不对称关系的存在，消费者无法在现行的契约制度下有效地监督商品生产者或服务供应商的行为；因而非政府组织"非营利性"的特征使得它们能够成为降低监督成本的一种替代性制度安排，越来越多的非政府组织开始以新的方式向消费者提供私人物品，消费者更偏好非政府组织所提供的服务而拒绝市场化的选择或国营机构的安排。与之不同的是着眼于供给方面（Supply-side）的研究，其中，治理观念转变理论所强调的是物质和财政资源的供给问题。这一理论认为，在实施社会管理的实践中，各国政府开始意识到某些公共物品的供应职能由非政府组织承担具有更高的效率和更好的效果，因而开始有意识地谋求与非政府组织的合作。在一国范围内，政府不仅营建了有利于非政府组织发展的制度环境，并且动用国家资源支持非政府组织的活动、特别是非政府组织在区域或社区的经济开发方面所开展的项目活动。

（4）关于农业管理体制变革的研究

从20世纪70年代起，国外的农业发展环境发生变革，以国家为主导的管理体制面临着成本约束和效率约束。从80年代起，探讨如何在农业领域实现市场机制与政府管理的有效结合、减少政府管理成本、提高管理效率成为这个领域研究的主流问题。主要研究有：Dina L、Umali、Lisa A、Schwartz（1994）对农业服务支持体系中政府与私人部门的作用进行了一系列研究，包括家禽保护、种子生产和销售、农业研究等领域。最近的研究在农业推广服务领域，对农业推广服务中政府与私人部门的作用和影响私人机构实施农业推广服务的因素进行了分析，利用经济理论建立了提供各种推广服务的最有效率的框架。M. Haitham - El-Hourani（2005）分新、旧两阶段对美国的农业服务领域政府作用进行了总结，指出政府对农业领域进行过多干预是无效率的，政府在农业服务中的作用是制度性的，也就是制订相应的规则以使市场能够稳定运营。并对农业推广、研究、投入产出等领域的政府与私人部门的作用进行了分析，指出功能分散化能促进市场有效竞争。Lawrence D Smith（1997）对在农业支持领域服务分散化情况下政府与私人部门的作用进行了分析，指出了服务分散化的原因，并提出政府部门应为私人部门提供政策支持以促进其效率提高。David J. Spielman 和 Klaus von Grebmer（2004）指出了在农业研究领域公私部门形成伙伴关系的约束性因素，同时指出如果给予适合的激励，能够产生双方合作的空间，从而使双方的效率都加以提高。Lawrence D. Smith（2001）意在为政府及其职能部门是否需要进行权力分散化决策提供政策支持和政策制定的研究框架，包括分权化的定义、影响因素，在农业服务领域的改革措施，并以农业技术推广、农业金融、兽医药、水管理领域的分权化改革进行了论述。

1.2.2 国内研究综述

国内关于农业行政管理体制方面的研究主要集中于以下几个方面：

（1）关于农业行政管理体制发展与改革的研究

主要分析现行农业行政管理体制存在的问题、应该坚持的原则，以及以后改革的方向及前景问题。冀名峰（2003）对我国农业行政管理制度和运行方式从中央和地方两个方面进行了调查，并分析我国农业行政管理体制现存问题。这些问题包括农业主管理部门与其他部门职能重复、农业行政管理部门缺乏管理农业的权力与资源、缺乏协调机构、政府管理农业方式落后、农业纵向系统设置重复等方面。李炳坤（2000）提出农业行政管理体制改革的出发点在于明确政府与市场，以及政府不同部门的关系；认为政府职能转变主要坚持“引导、支持、保护、调控”原则；农业行政管理方式和机构改革应适应农业经营方式的需要，实行一体化运营模式。李昌健、郭沛（2007）以四川、湖北为对象，对两省的农业行政管理体制改革现状进行调研，并对改革的成效和不足进行了分析。同时指出，生产经营方式已明显呈现出一体化经营的特征。现代农业要重点解决农业和农村事务管理机构和职能分散的问题，减少管理的层次和环节，实现产前、产中、产后的一体化管理。钱克明（2001）提出农业行政体制要实现五个方面转换，即政府职能实现从管理到服务过渡、行政体制从分散到集中过渡、政府要减少行政干预、政府实行法法制化管理及扶持产业化组织的发展。

（2）关于入世后农业行政管理体制的构建和变革研究

主要是针对入世后 WTO 规则和我国现有农业行政管理体制的冲突，提出对传统农业行政管理进行调整的思路和调整方向。何春雪（2002）认为入世后在农业管理机构、农业政策、农业流通体制等方面要进行相应的调整。阎占定（2000）认为入世后农业行政管管理体制需要加以改革，包括精干、高效的管理队伍，实行统一的管理格局，建立现代化的管理方式等。易登奎（2004）认为按照 WTO 规则转变政府行政管理职能，提高农业行政管理水平和效益，具有十分重要的理论意义和现实意义。指出我国农业管理体制在调控手段、运作机制等方面存在不足，因此，必须加以改革，建立统一高效的大农业部门管理模式势在必行。

（3）关于国外农业行政管理体制的比较

主要在分析国外农业行政管理体制的特点和发展模式的基础

上，提出对我国农业行政管理体制的借鉴之处，以及提出调整思路。张红宇（2003）对美国、日本、韩国和欧盟的农业行政管理体制进行了综述。认为它们在农业管理部门设置方面有三方面特点，即较宽的管理范围、一体化的管理模式和有效的管理手段。在政府职能转变方面，这些国家的农业趋势是强化了政府在战略制定、公共服务、乡村发展等方面的职能。项朝阳、张思华等（2005）认为发达国家农业行政管理体制的共同特点是管理范围较宽、强调服务职能、体现人性化需求以及注重国际竞争力的提升等。郭玮（2003）认为发达国家农业行政管理体制的特点体现在健全的法制、一体化的管理、完善的服务、统一的调控以及重视非官方组织的作用等。冯海发、丁力（1998）对一些国家的农业行政管理模式、管理手段、管理职能及农业行政管理部门与其他涉农部门的关系进行了全面的综述和分析。此外，马莹（2003）、李向民（2001）对于加拿大和美国农业行政管理体制方面的研究也有较强的借鉴意义。

（4）政府绩效评价方面的理论

包括政府绩效评价的理论与方法。西方国家的政府绩效方法比较及借鉴等（蔡立辉，2002；彭国甫，李树丞等，2004；杨浩然，2005 等）。项朝阳、张恩华（2004）提出了政府管理农业的绩效评价体系。王永春、厉为民等（2004）以粮食安全为出发点，提出了政府提高农业行政管理效率的方法和措施。

1.2.3 国内外研究文献的简要评述

从国外的研究来看，农业行政管理体系的改革和现代农业的建设实践密切相关，政府对农业管理的理念也与西方政府职能理论的演变一致。国外的农业行政管理体制建设相对较为成熟，具有动态性、综合性特点，与农业经营一体化的发展趋势相吻合。国外直接进行农业行政管理体制研究的文献较少，相关的研究和农业特定领域相结合，如农业服务领域，但是在管理理念上各个领域具有一般性。国外管理体制的变革表现出政府公共管理私有化的趋势，在管理领域更多地鼓励私人机构的参与，发挥政府和私人的效率优势。从我国对农业经营管理体制的研究来看，现有关于农业行政管理改革的文献虽然相对较多，但也存在不足之处：①研究角度较为单一。目前的研究主要集中于传统农业行政管理体制的问题和发展前景研究，此前的研究基本以中国加入WTO后，中国农业如何适应全球一体化市场为背景。②研究方法缺乏实证性。目前的研究基本属于定性研究，逻辑论证居多，而定量分析不足。尽管目前个别研究也使用了定量研究，但仅仅把定量研究作为一种方法提出，缺乏翔实的数据和深入的分析过程。③研究内容缺乏系统性。国内的研究主要集中于农业行政管理体制改革的发展思路、前景展望、存在问题、坚持原则方面，缺乏对农业行政管理体制变革的依据和理论基础缺乏系统的研究。

本研究以现代农业为特定背景，以效率分析为基础，研究角度具有创新性，填补了相关理论研究的不足。同时，采用DEA方法对农业行政管理体制的效率进行测算，使研究建立在科学论证的基础上，研究方法具有科学性和可行性。另外，本研究提出了较为全面的研究框架，并从目标、手段、模式、绩效评价、职能定位以及与其他主体的关系方面提出了改革农业行政体制的方案，研究内容具有系统性。

1.3 研究的思路与方法

1.3.1 研究的思路

本研究以现代农业为基础，结合新农村建设和城乡统筹发展的特殊背景，构建了提高我国农村行政管理效率的系统研究框架。首先，对现代农业及农业行政管理体制进行概念界定，对其基础理论进行综合。其次，分析我国农业行政管理体制演变的历史轨迹、发展现状，指出其存在问题。在此基础上，综合经济学相关理论，对我国农业行政管理体制进行成本—收益分析、运行效率分析和制度供给与需求分析，指出农业行政管理体制存在问题及深层原因。在对国外一些国家农业行政管理体制进行比较和借鉴的基础上，提出适应我国发展现代农业的行政管理体制的理论框架和改革路径。

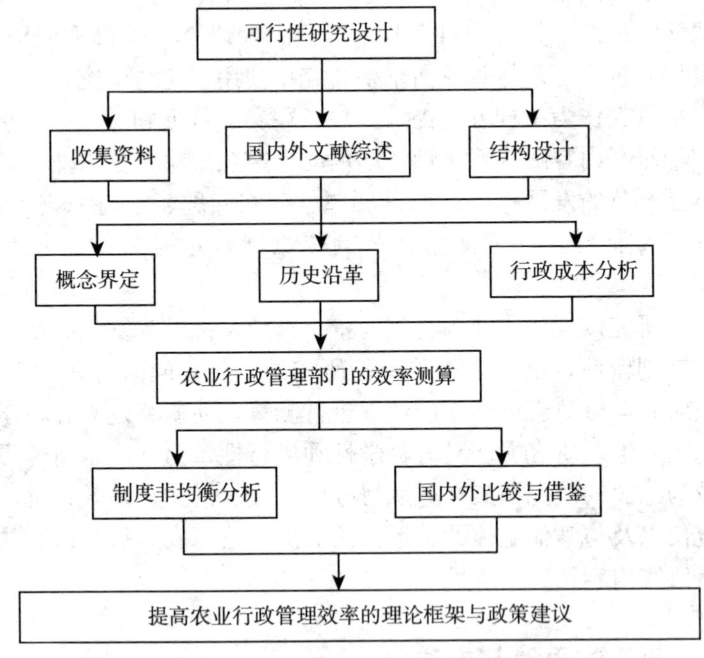

图 1－1　研究的技术路线

1.3.2　研究的方法

（1）比较分析法

对国外一些国家农业行政管理体制的模式、运行机制、手段及目标进行比较分析，总结对我国的借鉴意义。

（2）实证分析法

通过成本收益分析，研究我国农业行政管理的成本变化趋势，用 DEA 方法验证我国农业行政管理部门的行政效率。

（3）制度经济学方法

农业行政管理体制是各种农业管理制度的总和，它和制度密切相关，在本研究中广泛用到制度经济学的理论，如行政成本分析和制度非均衡分析等。

（4）案例分析法

在研究中，以黑龙江省为例，对黑龙江省的农业行政管理体制运行情况进行重点调查和分析。

（5）历史分析法

农业行政管理体制有其历史演变轨迹，因此，通过对农业行政管理体制的梳理，分析我国现有农业行政管理体制的发展历程，有助于对于现有农业行政管理体制改革创新的分析。

（6）调查问卷法

在对农业行政管理体制供需主体进行均衡分析时，针对黑龙江省双鸭山市、哈尔滨市、密山市等地农业行政部门管理人员和农户进行调查，了解农业行政管理体制的供需状况。

第二章　相关概念界定与理论基础

2.1　现代农业的含义与特征

2.1.1　现代农业的含义

现代农业是相对传统农业而言的一种农业形态，它是一个综合的、世界范畴的、历史的和发展的概念。作为一个动态的、渐进的和阶段性的发展过程，在不同的时空条件下，随着人类认识程度的加深和科学技术的发展，它不断被赋予新的内容。

20 世纪 50—60 年代，现代农业被赋予“四化”的内涵，即机械化、电气化、水利化和化肥化。80 年代以来，对现代农业的理解趋向于多元化：①以科学化、集约化、社会化和商品化来概括现代农业的内涵和特征；②现代科技（尤其是生物技术）、现代装备、现代管理、现代农民构成现代农业的内涵；③现代农业就是生态农业或可持续发展农业。

90 年代以来，农业发展所面临的国内外环境开始演变，对现代农业的理解更趋向于成熟，现代农业建设的内容也越加广泛，包括商品化、技术化、产业化、社会生态化等多方面的内容。石元春院士（2002）提出了较为明确而具体的现代农业含义：①现代农业是以生物技术和信息技术为先导的、技术高度密集的科技型产业，新的农业科技革命为现代农业搭起了一座崭新的技术平台；②现代农业是面向全球经济的一种农工贸一体化经营的现代企业；③现代农业是正在拓展中的一种多元化和综合性的新型产业；④现代农业是一种开源节资和可持续发展的绿色产业。

党的十七大提出了“发展现代农业”的目标，对发展现代农业的指导思想、措施等进行更为权威的论证，文件指出：“发展现代农业，要用现代物质条件装备农业，用现代科学技术改造农业，用现代产业体系提升农业，用现代经营形式推进农业，用现代发展理念引领农业，用培养新型农民发展农业，提高农业水利化、机械化和信息化水平，提高土地产出率、资源利用率和农业劳动生产率，提高农业素质、效益和竞争力。”“建设现代农业的过程，就是改造传统农业、不断发展农村生产力的过程，就是转变农业增长方式、促进农业又好又快发展的过程。必须把建设现代农业作为贯穿新农村建设和现代化全过程的一项长期艰巨任务，切实抓紧抓好。”

从对现代农业的梳理过程我们可以看出，对现代农业的理解也反映了国家管理领域意识形态的改变。在发展的最初，现代农业建设就是围绕提高农业生产能力这一核心。而在发展的后一阶段，现代农业虽然仍以提高农业生产力为基础，但将农村发展、农业环境建设、农业精神文明建设和农业生产力提高结合起来，现代农业被赋予了更多、更广的边界。

综上所述，结合我国现有国情考虑，对于现代农业的含义我们可以从以下几个方面加以把握：

（1）现代农业是以农业生产力提高为标志的

现代农业的建设必须以满足人们生活和生产需要为标志。现代农业代表着更高的土地生产率、劳动生产率和资本生产率。这就需要更为先进的技术支撑和经营管理方式。

（2）现代农业是一个系统工程，是商品化、社会化、现代管理、产业化、先进技术等多方面的综合

商品化是实现现代农业的基础；社会化和产业化建立在商品经济和专业化分工基础上，它表现为与传统的各环节、各部门独立的农业生产方式相比，现代农业更强调产前、产中、产后和农

业与其他部门之间的联系。而现代管理和先进技术的应用是实现现代农业的基本方式。

（3）现代农业建设与新农村建设相互促进

“生产发展、生活宽裕、村容整洁、管理民主”也可认为是现代农业建设所要实现的最终目标，这个目标包含着农业综合生产能力的提高、富裕文明的农村、生态环境改善等多方面的内容。

2.1.2 现代农业的特征

现代农业是进行农业行政管理体制改革的时代背景和现实动因。现代农业的特征体现在以下几个方面：

（1）现代农业是一个具有专业化和社会化特征的产业体系

从产业链条的角度，一个完整的产业链应该包括三个方面：①产前领域，包括农业机械、化肥、水利、农药、地膜等；②产中领域，包括种植业（含种子产业）、林业、畜牧业（含饲料生产）和水产业；③产后领域，包括农产品产后加工、储藏、运输、包装、销售及贸易等。现代农业使传统的农业生产和经营方式发生了变革，使其呈现出专业化和社会化的特点。在传统农业生产方式下，农业生产的各个过程倾向于由单个的组织或农户来完成，比如农户可能单独承担了种植、购买生产资料、植保和销售等全部生产过程，在经营品种上也存在着“小而全”的特点。而在现代农业生产方式下，农业生产不但在作物生产品种、种植区域，而且生产过程也呈现出专业化的特点。这就使农业产业链条上各个阶段、各个节点组织之间的联系得以加强，农户、加工企业、零售终端等组织之间的利益关系更为密切，农业生产和经营日趋社会化。

（2）现代农业是技术和资金密集型产业

传统农业的主要特点依赖于资源消耗，而现代农业技术则着力于提高农业资源的使用效率和降低环境的损耗。现代农业方式下更注重农业非传统技术的开发和应用，农业技术发展较快，对农业的影响也越来越大。以基因工程为主体，包括酶技术、细胞技术等系列技术在内的生物技术，能以较低的生产成本显著增加农产品的品质和产量，同时降低农业生产的污染，这有利于提高中国在农产品国际贸易中竞争力，也利于质量效益型农业目标的实现。生物技术还不断产生出新的产品和新的应用，如乙醇和生物燃料正在逐步替代传统的汽油燃料，生命技术也使品种优良特性的筛选成为可能，从而为工业提供更好的原料。除了农业本身技术发展之外，还包括农业服务技术的发展，如农产品加工、储存、运输及信息技术的发展，使农产品能够满足消费者的多样化的需要，方便、快捷地提供消费者所需要的产品。此外，现代农业主要采用机械化、精准化、标准化的生产作业方式，这使农业生产需要大量的资金投入，使农业生产也呈现出工业化生产的特征。

(3) 现代农业具有多功能性和多样性

相对传统农业主要满足人们基本需要的功能而言，现代农业正朝着满足人们高层次的需要发展。传统农业的价值主要体现在农产品供给方面，而随着对生态和环境的关注，人们开始追求农业背后所隐含的环保与生态价值。与人们的消费需求相适应，特色农业旅游、农业生态园、农业生态示范区、采摘园等高附加值农业项目在各地快速发展，假日农业、休闲农业、观光农业、旅游农业等新型农业形式发展成为与产品农业并驾齐驱的重要产业，这其中体现出人们对于农业生态保护、净化心灵、教育、休闲度假等多种功能形态的认同。现代农业除了多功能性之外，还表现出多样性的特点。1986 年我国学者包建中研究员提出了“发展高科技应创建三色农业——绿色农业、白色农业、蓝色农业”的新观点。绿色农业是传统农业生产方式，以水土资源消耗为特点。白色农业是指微生物发酵工程在农业上的应用，白色农业生产方式使传统的动植物二维生态结构环境演变为动物—植物—微生物三维结构环境，从而使自然循环链系统得以平衡。同时，白色农业节约了耕地和资源损耗，实现“两退两还”，有利于环境保护。而蓝色农业则代表了海洋农业，其主要目的在于开发食用蛋白质。“三色农业”的发展扩展了农业生产领域，也丰富了人们的生活。

（4）现代经营和管理方式

在传统的农业生产方式下，农产品供应的各个阶段是相互独立的，农产品供应链上各个节点之间的关系是间断的、分散的。可是在现代农业阶段，消费终端成为决定农产品供应链各节点利益的决定力量，只有提供多样化的、快捷、安全的农产品才能满足消费者的需要。在这种情况下，各节点的利益是相关的，决策不再是独立的事情，一个节点的利益关系到整个链条的绩效。对农产品的生产过程实行整合，以契约为基础实现整个农产品供应链的一体化，是减少各节点交易成本、降低农业经营风险的有效方法。尤其是在农产品供应链管理链条上，零售终端（超市和大卖场）正取代加工商成为供应链链条上的核心力量，它们规定着与供应商和企业的贸易条件，包括生产量、品种、交易地点等，从而保持货源的稳定性。这样迫使供应商对产品的生产和分销进行一体化管理，这在生鲜农产品的经营中更为常见。由于和加工企业和商业机构相比，单个农户在激烈的竞争中面临着更为巨大的风险，所以农户成立各种互助型组织，从而有效规避市场风险和提高市场竞争力。

（5）现代农业注重环境与农业产业的协调发展

发达国家在实现现代农业过程中应用了大量的化学和物理技术，如化肥技术和机械技术等。这些技术对于农业生产效率得以提高的同时，也带来了一些负面作用，如土壤板结、土地化学污染严重、土地边际生产率下降、生活用水污染等。由于这些技术的应用，破坏了生物与环境的平衡，带来了巨大的环境退化成本，影响了人们的生产和生活。发达国家一直秉承“先污染后治理”的理念，实践证明这是不可行的，因为环境退化和污染成本远远大于人们从污染中获得的利益。所以，我国在发展现代农业的过程中，避免了发达国家在实现农业现代化中的错误，倡导可持续农业发展、生态农业、低碳农业的发展理念，努力实现生产技术和生产方式的变革，实现农业生产和环境保护之间的平衡，在环境容忍状态下实现粮食安全和人们生产质量改善的目标。

以上对于现代农业的含义与特征的分析，可以加深对现代农业目标的理解，从而也对改革现存的农业行政管理体制，进行正确的方向定位提供了参考。

2.2　行政管理和行政管理体制的含义

2.2.1　行政管理的含义

行政活动伴随国家的产生而出现。行政的古老含义就是“行其政事”、“行其政令”。史籍上出现的“行政”，其含义往往指的是国家的全部管理。然而，“行政”作为一个科学范畴提出并受到人们的关注，则始于在国家活动领域中将政治与行政做出明确区分，由此导致公共行政（或政府行政）概念的出现。

对政治与行政的区分做出重要贡献的是威尔逊和古德诺。威尔逊的著名论文《行政之研究》（1887）和古德诺的名著《政治与行政》（1900）中提出的政治与行政两分法的观点，被公认为开创了公共行政学的传统。威尔逊和古德诺在对政治与行政加以区分中指出了行政活动的特征，表述了行政概念的基本含义。威尔逊认为，与制定法律的组织、程序、过程相关的政治领域属“国家意志的表达”，主要关注“重大而带普遍性的事项”；与执行法律政策的机构、程序、过程相关的行政领域则属“国家意志的执行”。古德诺的表述是，“政治是国家意志的体现，行政是国家意志的执行”；“政治在决定政策，行政在执行政策”；行政是“政府官员推行政府功能的活动”。此后魏洛毕提出的“行政乃是政府组织中行政机关所管辖的事务”就是沿袭了这一思路。由于“两分法”是从宏观的国家权力结构及功能分配的角度去理解和界定行政，因而被称为政治行政观。

行政概念的另一种解释得益于科学管理运动的兴起。进入20世纪以后，西方工商企业界掀起科学管理运动，对科学管理运动做出重要贡献的是泰罗和法约尔。泰罗的名著《科学管理原理》（1911）和法约尔的名著《工业管理和一般管理》（1916），被公认为科学管理运动的代表作。他们的基本思想是，把企业活动中的与计划、组织、人事、指挥相关的行政性活动与其他业务性活动区分开来，并围绕前者设定（行政）管理职责。在泰罗的科学管理理论中，劳资合作共创利润是其前提，时间研究和动作研究是其手段，标准动作、标准时间、标准条件、标准工资则是其重点。制定各种标准并创造相应条件使之施行，显然是与计划、组织、人事、指挥有关的行政性活动。法约尔明确把工业企业的活动区分为六类：技术活动、商业活动、财政活动、安全活动、会计活动、行政活动。前五种活动与企业的资金筹措、技术选择、市场策略及其他环境条件密切相关，而行政活动则只影响到人员，它包括的要素是计划（planning）、组织（organizing）、指挥（commanding）、协调（coordinating）、控制（controlling）。

行政作为国家的管理活动，内在地包含着“政治”和“管理”两个基本点。一方面，行政与政治有着不解之缘，它以政治为前提，是在立法确立的大框架下，将政治决策加以真实的兑现，以维护和实现公共利益；另一方面，它又以操作为主要特征，是对国家公共事务实施管理的活动过程，通过科学的管理方式和手段以实现高水平、高效能的管理，是公共行政内在的要求，它直接决定着公共利益的实现程度。据此，可以把公共行政定义为国家行政机关以公共利益为目标，以宪法和法律为依据，通过制定和实施政府政策，对国家、社会以及自身公共事务进行管理的活动。这个界定包含如下内容：①公共行政的主体是国家行政系统中的中央以及地方各级政府。只有它们才有权实施国家行政管理权。②公共行政的客体是全社会范围的公共事务。由于公共事务体现了社会成员的共同需求，涉及全社会的公共利益，因而公共事务的实质是公共利益。为了管理国家及社会的公共事务，政府也需要对政府自身事务进行管理。③公平、公正是公共行政的最高价值取向。行政的管理特征使它必然要追求效率，但是追求效率是为了更好地服务于公共利益，实现社会的公平、公正的价值取向。在效率和公平的关系中，效率是手段，公平是目的。④宪法和法律是公共行政的依据。政府的一切活动不能违反和超越国家大法，必须在法律的框架下对社会与自身的公共事务实施管理。⑤公共政策是政府管理社会公共事务的基本方式，制定政策和实施政策构成政府管理的基本过程。

行政管理由此可以定义为：政府与非政府公共组织，在运用所拥有的公共权力，处理社会公共事务的过程中，在维护、增进与分配公共利益，以及向民众提供所需的公共产品（服务）所进行的管理活动。广义而言，行政管理是指国家政治目标的执行，包括立法、行政、司法等社会组织领域内特定组织的指挥活动及其机关内部的总务后勤工作等。狭义而言，行政管理是指国家行政机关及其官员在管理国家事务、社会事务和机关内部事务的过程中进行的计划、组织、指挥、协调和控制等各项管理活动。换言之，就是立法、司法以外的行政部门的工作。本书取狭义行政管理的含义。

2.2.2　行政管理体制的含义

行政管理体制是指一个国家行政机构设置，行政职权划分及为保证行政管理顺利进行而建立的一切规章制度的总称。所以，从本质上说，行政管理体制就是一个国家的政体及其管理制度的集中反映；从运行状态上说，它就是行政管理机构、管理权限、管理制度、管理工作、管理人员等有机构成的一个管理系统。行政管理体制的含义包括以下几个要点：

（1）行政管理体制的核心是各级行政机构的权力和职责的划分

任何行政管理体制的建立、改革与完善，都是围绕着行政政权的划分或分配进行的。所以，行政职权是构成行政管理体制的基本要素，行政职能的划分或分配在行政管理体制中占有重要地位。

（2）行政机构是行政管理体制的载体或组织形式

如果没有一定的行政机构，行政人员就无法施行行政职权，行政管理职能就不能发挥作用，行政管理体制也就失去了存在的形式。因此，行政管理体制的建立、改革和完善，总是伴随着行政机构的建立、改革和完善而进行的。

（3）必要的规章制度和法律程序

没有一定的规章制度和法律程序，行政职权就不能很好地使用，行政机构就不能很好地运行，行政管理体制也就失去了意义。因此，建立健全必要的规章制度和法律程序是建立和完善行政管理体制不可缺少的一环。

（4）行政管理体制具有明显的社会特性

行政管理体制具有社会性质，因而不同社会制度的国家的行政管理体制具有明显的本质区别。即使相同社会制度的国家，由于国情的不同，也不一定采取同一模式。

2.3　农业行政管理体制的含义及构成

农业行政管理体制是指国家管理农业的各项制度和组织的总称。从管理制度的角度，它包括职能的划分、各种制度的制定与实施、制度实施的效果评价、管理方式和管理手段等方面，其中组织职权的划分是核心。

（1）组织机构

组织机构的设置按不同的标准有不同的划分，从部门内部来看，包括横向部门和纵向部门。按照横向结构划分，又可以按职能划分为不同的组织机构，如农业推广部门、水利部门、市场管理部门、贸易部门等。按照纵向结构分，可分为中央、省、市、乡镇级农业管理部门机构设置和人员安排、基层农业管理部门（县、乡和村）机构设置和人员安排。从管理内容来看，包括综合性部门及专业性部门。从管理的方式来看，包括直接管理农业的部门和间接管理部门。

（2）管理职能

世界银行在其1997年的世界发展报告中将每一个政府的核心使命概括为五项最基本的责任，大体上反映了现代政府所行使的职能，这就是：①确定法律基础；②保持一个未被破坏的政策环境，包括保持宏观经济的稳定；③投资于基本的社会服务和社会基础设施；④保护弱势群体；⑤保护环境。总体来说政府的行政职能应该是保证人们生产和生活需要以及提供公共物品等方面。

从农业部门的角度，农业行政管理部门的职能内容应该包括两方面：①职能的划分。首先要合理划分农业行政管理部门内容的管理权限，指按照组织结构及层次划分，明确各个层次、各个部门的管理权限，如中央和地方的管理权限、推广部门和执法部门的管理权限等；其次要协调好农业行政管理部门和涉农部门之间的关系，在职能设置上应尽量避免交叉和重复；再次要对政府部门及非政府部门进行合理的角色定位，应积极发挥好合作社、行会、中介组织在政府行政管理中的补充和替代作用；最后应合理划分政府、企业与市场之间的职能定位，政府的主要功能是为企业和市场主体提供一个公平、公正、公开的市场竞争环境。②职能的内容。农业行政管理部门所履行的职能一般来说主要是发展农业生产、维护市场秩序、制定农业政策、财政和货币政策、提供农村公共服务、发展社会事业、培育市场环境、保护环境等。

（3）管理方法和手段

管理方法和手段是政府在执行农业行政管理的职能时，采用什么样的方法和手段进行管理。管理方法和手段因社会制度不同而有差异，在同一社会也因不同发展阶段呈现出不同的特点。具体来说，农业行政管理的手段主要包括行政手段、经济手段和法律手段。

（4）农业政策和制度安排

农业政策和制度安排体现了国家对农业进行管理的理念和意志，它是农业行政管理部门组织机构、管理职能、方法等方面的综合，是农业行政管理部门在某一领域管理的最终体现。包括农产品流通制度、农业土地制度、公共产品供给制度及社会保障制度等。

表 2－1　农业行政管理体制构成

<table>
<tr><td rowspan="17">农业行政管理体制</td><td rowspan="9">组织机构</td><td rowspan="3">纵向组织结构</td><td>中央农业管理部门</td></tr>
<tr><td>省、市农业管理部门</td></tr>
<tr><td>基层农业管理部门</td></tr>
<tr><td rowspan="6">横向组织结构</td><td>科学技术部门</td></tr>
<tr><td>贸易部门</td></tr>
<tr><td>水利部门</td></tr>
<tr><td>质检部门</td></tr>
<tr><td>国土资源部门</td></tr>
<tr><td>……</td></tr>
<tr><td rowspan="8">制度层面</td><td rowspan="5">农业政策及制度安排</td><td>土地产权</td></tr>
<tr><td>社会保障</td></tr>
<tr><td>就业</td></tr>
<tr><td>公共产品供给</td></tr>
<tr><td>……</td></tr>
<tr><td rowspan="3">管理制度</td><td>职能的划分</td></tr>
<tr><td>管理方法和手段</td></tr>
<tr><td>管理职能</td></tr>
</table>

2.4 实施政府管理农业的理论基础

政府对农业进行管理是由农业生产的特点、农业在我国国民经济中的地位及市场机制的特点决定的。

2.4.1 农业产业的弱质性

农业是国民经济活动中的一个最基础且最重要的产业，是一个自身效益低、社会效益高的产业，同时也是一个集自然风险、市场风险和政策风险于一身的风险比较大的产业。农业是对自然条件依赖性较大的产业，农业生产具有生产地域的专用性、生产时间的专用性、不易贮藏等特点，这就决定了农业生产具有波动性，是弱质性产业。农产品是基本生活资料，粮食安全问题影响着一个国家的安全和稳定，因此农业具有重要的战略地位，农业的平衡发展对国家的经济增长来说意义重大。从农业生产的经济属性来看，农业的供给弹性和农业的收入弹性较小。一方面，随着人们收入的增长，农产品的消费在收入中的比重将会越来越小，如果没有政府干预，农民的收入将会受到影响。另一方面，农业的供给弹性较小，农业生产资料又具有专业性，当价格上升或下降时对农产品产量的可调控区间较小，农业生产对市场机制反应不敏感，容易产生农产品尤其是粮食产量的大起大落，从而影响到经济秩序的稳定。

2.4.2 市场机制的不健全

农业的家庭经营方式，造就了农业的一家一户的生产模式。在市场经济条件下，单个农民很难依靠自身的力量影响农产品的市场供给与价格，农民只是市场价格的接受者而非决定者，农民的市场谈判能力根本无法与农业外部的工商集团相抗衡，农业在市场性质上更接近于自由竞争。农业生产具有较高的资产专用性，表现为自然环境的专用性、生产时间的专用性、物质资料的专用性和人力资本的专用性方面。这些特点决定了从事农业生产的主体即农户在与其他主体进行市场交易容易产生“绑定行为”，最终使农户利益受损，从而影响到农业生产及农产品的提供。

以上两方面的原因决定了一个基本事实：农业发展离不开政府的宏观管理。农业需要借助于政府的力量来培育一个与其他产业公平竞争的市场环境。没有这个公平的市场环境，农业的健康发展是不可能的。正是基于这样的基本事实，世界各国在政府机构的安排上，都毫不例外的设置了对农业进行宏观管理的政府部门。考察世界各国的政府机构设置，可以发现，一些国家并不设立或不单独设立管理工业的政府部门，但管理农业的政府部门是必不可少的。即使是发达的市场经济国家，在尽可能减少政府机构的理政原则下，管理农业的政府部门依然是一个主要且重要的部门，而且是设立较早的政府部门。在这些国家，管理其他产业譬如工业的政府部门可以不设，但管理农业的政府部门不能不设。管理农业的部门成为政府行政机构的必要组成部分，这是世界各国政府机构设置的一个共同现象，也是一个难以违背的基本原则。

2.5 现代农业和农业行政管理体制的关联性分析

现代农业建设必须以相适应的农业行政管理体制为基础，而高效运行的农业行政管理体制则以现代农业为实施背景，必须符合现代农业的要求。

2.5.1 适应性的农业行政管理体制是建设现代农业的基础

现代农业的核心内容是要实现农业综合生产能力的提高，这是以较高的劳动生产率、土地生产率和资金产出率为特征。而“三率”的提高在很大程度上取决于微观组织即农户和农业企业的运营效率。农业行政管理体制从制度层面来看是一种管理制度，对农业经济制度有决定性的影响。农业经济制度安排反映着国家管理农业的意识形态，它可以决定经济制度施行的空间，对经济制度起制约作用，从而通过一定的约束和激励机制影响到微观组织的运行绩效，最终影响到宏观经济目标的实现。目前我国农业发展的现有目标是加速传统农业的改造，实现现代农业。根据前面分析的结果，现代农业实现与否取决于是否有相应的农业行政管理体制加以配合。它们之间的关系可以用图 2－1 加以表示。

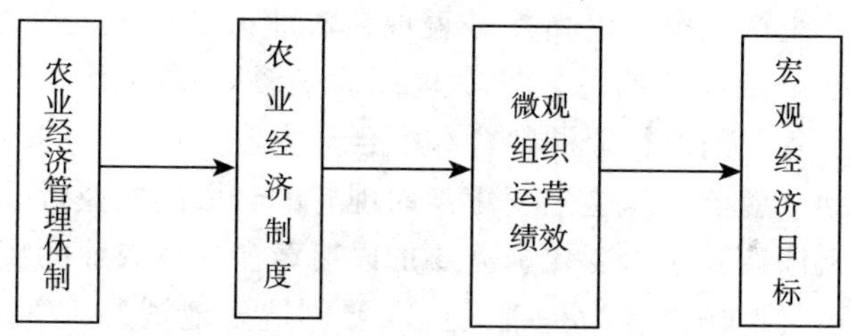

图 2－1　现代农业与农业行政管理体制之间的关系

2.5.2　现代农业行政管理体制必须以现代农业为背景

从国内外实践看，现代农业是广泛、持续应用现代科学技术、现代工业装备和现代管理的专业化、信息化、集约化、社会化、市场化的产业，是把生产、加工和销售相结合，把产前、产中和产后相结合，把生产、生活和生态相结合的一体化的高效率与高效益的综合性产业。随着现代农业建设的展开，国家对农业的宏观调控和管理的要求更高、更复杂了，这就必须要有一个有利于我国传统农业向现代农业转变的运转协调、灵活高效、政策透明的现代农业管理体制，强化农业部门的协调、管理、执法、服务等职能，以达到加强对农产品生产、流通、进出口贸易的宏观调控，不断健全农业社会服务体系，逐步改变城乡二元经济结构，促进区域经济协调发展，加强农业基础设施建设，强化生态环境治理、水土保持和耕地保护，大力改善农业生产条件，确保农业可持续发展，为建设现代农业营造一个良好的软环境。

传统的农业行政管理内容主要集中于农业生产力的提高，所有的管理职能都围绕这个方式展开。但是随着农业生产发展，粮食供给已经不再成为满足人民需要的障碍性因素，农业发展目标包括了更广泛的内容，农民生活水平提高、生活环境的改善、城乡协调发展等目标也被吸纳过来，传统的农业管理体制需要加以调整以适应宏观目标的变化。现代农业实施的是一体化经营模式，农业生产效率的提高不是表现在农业产品链上的某个环节，而是以整个产业链的总体效率提高为表现，这就需要产前、产中、产后各部门进行资源整合和配合。农业管理部门的部门设置和职能划分应该适应这个变化，而现有的分散的农业行政管理部门设置无法适应这个变化，需要加以变革。现代农业的实现是以高度发达的市场机制为基础的，需要创造土地资源、资金资源、人力资源合理流动的制度运行环境，而这些都需要变革现有农业行政管理体制加以实现。现代农业的实现还需要实施现代农业行政管理模式，不但针对于政府部门的职能划分，也针对于政府与非政府部门职能的划分。从国外的经验来看，减少政府对农业领域的干涉，提高政府部门在农业公共管理中的效率，充分发挥非政府部门在市场运营中的效率优势是农业管理领域的发展趋势。但从我国现有的农业管理体制建设来看，政府对农业存在着行政干预过多的倾向，在管理方式上过于单一，存在着重行政控制、轻经济和法律手段的倾向，影响到现代农业宏观经济目标的实现。

2.6 研究的理论基础

2.6.1 新公共管理运动与公共选择理论

新公共管理运动是20世纪80年代西方各国特别是经济合作

与发展组织国家政府为解决自身面临的问题和困境而采取的一系列改革措施的统称。它既是指导行政改革的理论又是行政改革的实践结果，但更重要的是行政改革的实践结果。首先，新公共管理从现代经济学中获得了政府应以市场或顾客为导向，提高服务效率、服务质量和有效性的根据，从成本—效益分析中获得对政府绩效目标进行界定、测量和评估的依据等。其次，新公共管理也从私营部门的管理方法中汲取营养。新公共行政管理认为：私营部门的许多管理方式和手段都可为公共部门所借用。如私营部门的组织形式能灵活地适应环境，而不是韦伯所说的僵化的官僚制；对产出和结果的高度重视，而不是只管投入，不重产出；人事管理上也实行灵活的合同雇佣制和绩效工资制，而不是一经录用，永久任职，只能上不能下等。传统的公共行政是以威尔逊、古德诺的政治—行政二分理论和韦伯的官僚制理论为其理论支撑和理论依据的，而新公共管理则是以现代经济学和私营企业管理理念与方法作为自己的理论基础的，尤其是以公共选择理论作为主要的理论依据。

公共选择被定义为对非市场决策的经济学研究，或者是把经济学运用于政治科学的分析。它把经济学的分析方法和工具用于研究集体的或非市场的政治决策过程，所以公共选择理论被认为是最名副其实的“政治经济学”。它以经济学的基本假设为前提，依据自由交易能使交易双方都获利的经济学原理，分析公众的公共选择和政府的决策行为以及二者之间的关系。

公共选择学派寻求解决政府行政低效的良方是基于两个著名的理论依据：①政府的经济人性质。政府的经济人性质决定了政府官员为了追求自身利益的最大化而有可能牺牲公共利益。同时，作为“经济人”，常人所具有的缺点在政府身上也同样存在，如有限理性，信息不完全、竞争的不完全等。②官僚机构的低效率。官僚机构的低效率一方面表现在官僚们缺乏努力工作、提高效率的动力，另一方面表现在政治家和民众在对官僚进行监督时，常由于信息不完全而处于不利地位，从而使约束软弱无力。

基于以上两个依据，公共选择学派提出只有将外部竞争机制引入政府活动领域才能解决问题。它们指出，首先，应在政府和非政府组织以及个人之间建立一种合作机制，将以前由政府承担的某些服务功能，通过政府合同、使用付费制度等交由非政府组织个人来行使；或者是在政府和非政府组织之间展开竞争，由民众选择公共服务。其次，引入私营机制的管理规则和管理方式，将预算和官僚绩效挂起钩来，以此来提高官僚的积极性。其三，对地方和下级部门进行行政放权，在政府内部进行竞争，以提高行政效率。公共选择理论是新公共管理运动的主要理论依据。

此外，公共选择理论也提出了解决市场失灵的思路。正如西方主流经济学对市场失灵的分析旨在寻找矫正市场制度缺陷的方法一样，公共选择理论对政府失败的分析也促使它们去寻找矫正政府失败的方法。公共选择理论为此提出了两条思路：一是宪法制度改革，二是市场化改革。所谓宪法制度改革，是指试图通过重新确立一套经济和政治活动的宪法规则来对政府权力施加制度约束或宪法约束，通过改革政治决策规则来改善政治。所谓市场化改革是指试图用市场力量来改善政府的功能，提高政府的效率。在公共选择理论看来，以往人们只注意用政府来改善市场的作用，却忽视了用市场的力量来改善政府的作用。实际上，市场力量是改善政府功能的基本手段之一。

公共选择学派的理论不足主要有两点：首先，公共选择学派的经济人假设从根本上讲，是在公共部门管理和私人部门管理之间架起了一座桥梁，这是一个好的开始，但在借鉴经验的过程中却将二者等同起来，忽略了公共行政管理特有的价值取向，因而不可能全面看待问题。其次，公共选择学派将市场机制、外部竞争引入公共领域之前并没有仔细分析各公共部门之间的特征差异，以税务部门为例，由于其权力的绝对性和权威性，引入外部竞争机制只会导致混乱，无法提高行政管理效率。

2.6.2　制度和制度变迁理论

农业管理制度的实施和制订，是农业行政管理体制的重要部分。因此对农业行政管理机制的研究中，较多地运用了制度经济学的理论，包括制度功能、制度需求和供给，以及制度创新等。

（1）制度的含义

制度一词来源于英文“institution”。诺思认为，“制度包括人类用来决定人们相互关系的任何形式的制约。制度包括正规的制约（如出人类设定的规则）和非正规的制约（如习俗和行为准则等）”。他认为，制度实际上就是一种游戏规则，在他的《制度、制度变迁与经济绩效》一书中提到：“制度是一个社会的游戏规则，更规范地说，他们是为决定人们的相互关系而人为设定的一些制约。”科斯主要从产权的角度来论述制度的含义，他认为制度就是一系列产权安排和调整的规则或“组织形式”。所以，在科斯看来，制度和组织是没有区别的。T. W. 舒尔茨认为：“制度是一种行为规则，这些规则涉及社会、政治及经济行为”。他的这个定义为以后研究制度的学者所接受。从以上对于制度的定义可以看出，制度是对于人和各种组织等经济单元的游戏规则，它对人们可以做什么和不能做什么都做了相应的规定。

（2）制度结构

制度可以分为制度环境和制度安排两个层次。制度安排是相对某种具体行动或关系实施规则，是支配经济单位之间可能的合作与竞争的方式的一种安排，是制度的具体化。制度安排可能是正规的，也可能是非正规的。相对于制度环境来说，它容易发生改变。制度环境是指一系列用来生产、交换与分配基础的基本的政治、社会和法律规则。它是一个社会中所有制度安排的总和，一个社会中的制度环境相对稳定，不太容易发生改变。制度还可以以形式划分为正式规则和非正式规则两种。所谓正式规则是人们有意识创造的一系列政策规则，包括政治规则、经济规则和契约，其中，政治规则居于核心地位。非正式规则是人们在长期交往中无意识地形成的、具有持久生命力、并构成代代相传的文化的那一部分规则。主要包括价值信念、伦理规范、道德观念、风俗习惯等，其中意识形态居于核心地位。

（3）制度功能

对于制度功能的理论，许多学者如科斯、德姆塞茨、舒尔茨和林毅夫等都有论述。袁庆明对上述学者的观点进行了总结，认为制度的核心功能主要体现为给市场经济中的经济人提供激励与约束。这一功能的实现通过四种途径：①抑制人的机会主义行为；②降低不确定性；③降低交易费用；④降低外部性。除此之外，林毅夫还提到了制度具有安全功能。所谓安全功能是指“由于人的生命周期和他面对的不确定性，也由于人‘局限于知识、预见、技巧和时间’，人需要用制度来促进他与其他人的合作，从而为确保年幼和年老时的安全做好准备，拉平随时间而变化的收入和消费水平，并获得对风险和灾难的保障。”

（4）制度变迁理论

新制度经济学家对于制度变迁的条件、原因进行了研究。科斯从需求角度对制度变迁进行了研究，认为对一个社会而言，“只有得大于失的行为才是人们所追求的。但是，当在各自改变决策的前提下对各种社会格局进行选择时，必须注意到导致某些决策的发送的现行制度的变化也会导致其他决策的失误。而且，必须考虑各种社会格局的运行成本（不论是市场机制还是政府管理体制）和改变为一种新制度的成本，在设计和选择社会格局时，应考虑总的社会效果。”科斯认为制度变迁的动因和条件是制度变迁所获收益大于其所付成本。拉坦和速水认为，制度变迁的需求主要是由技术变化引起的，但要素禀赋和生产需求对于制度变迁来说也是同等重要的源泉。他们同样认为，当某一新结构的收益超过制度变迁的成本时，就会产生新的制度。同时，他们认为制度的供给依赖于知识基础与创新成本。当有关商业、计划、法律和社会服务行业的知识以及其他社会科学知识进步时，制度变迁的供给曲线也会右移。他还指出，制度创新的成本可能是很巨大的，而在某些政治环境下，成本简直不起作用。但是，即使没有如此严厉的制裁，创新的成本也可能由于立法改变上的成本、法庭立案的成本、限制既得利益集团政治权力所付出的成本而高得令人望而却步。他们进一步说明上层决策者的收益在制度变迁中的重要作用。他们认为重要的制度创新的供给必然包含政界、企业家和创新者的诸多政治手段的运用。制度创新的供给是由面对政界、企业家试图设计新的制度和解决各种既得利益集团之间的冲突。如果政界、企业家由制度创新所得的预期收益超过动用此项创新所必需的资源的边际成本，制度创新的供给将得到保障。鉴于企业家、政界的私人收益不同于社会收益，制度创新的供给是不会达到社会最佳水平的。诺思和戴维斯认为，在现有的制度结构下，由外部性、规模经济、风险和交易成本引起的收入的潜在增加不能内在化时，一种新的制度的创新可能应运而生。

2.6.3 福利经济函数和经济剩余

政府制定农业政策的目的在于推动农业向满足社会需要的方向发展。农业管理部门在制定和研究农业政策时要求把现实社会中可以选择的经济情况，分成“较好”和“较坏”的等级问题。这是福利经济学所研究的内容。福利经济学研究社会成员集团的福利，同个人行为与企业行为的经济学不同，它是关于整个社会目标的达到的程度，而不是每个社会成员目标达到的程度。福利经济学阐述某些主张，根据这些主张，我们可以按“较好”或“较坏”的尺度，把现实社会中可以选择的政策之间以及好与坏的制度之间，怎么样和用什么标准做出或应该做出它们的选择。

（1）社会福利函数

如果社会能够把每一可能的经济结构都分成等级，就可以形成社会福利函数。它是决定社会福利的一种实值函数，其数值可理解为取决于所有可能影响福利的变量，包括社会每个成员购买的商品数量、提供的要素数量及其他相关变量。社会福利函数表明任何经济措施，即使不能实现帕累托最优，但只要能够使社会总福利有所增进，集体效用水平提高，则认为是可取的措施。同时，社会福利函数也清楚地表明，社会福利是建立在个人的价值判断基础上的，社会的偏好秩序取决于每个人的偏好秩序。“个人主义”仍是社会福利函数中所包含的最基本的价值判断。社会福利函数还表明，如果社会生产没有增长，任何经济变动都只是一种再分配，而在这种再分配中，一方受益，必然是另一方受损，这时就很难对总福利水平是否提高的问题做出判断。若给定收入分配方案，总收入增长，必然导致福利水平的提高。

（2）经济剩余

对于政府政策进行选择，应该在既定的目标约束下，在两种或两种以上可选的政策方案中，比较政府所选方案的经济效率。判断政府政策经济效率的标准是经济剩余。

经济剩余是在市场条件下，生产者和消费者在商品供给和需求不断变化中实现均衡状态时获得的市场成本节约，包括消费者剩余和生产者剩余。消费者剩余是个人为一物品愿意付出的最大代价与他实际付出的代价间的差额，也就是消费者实际付出的价格与他愿意付出的价格之差。生产者剩余是生产者所愿意接受的最低价格与市场实际价格之差。在没有政策干预的生产均衡条件下，生产者剩余和消费者剩余是既定的，因而不存在所谓的福利损失，当然就没有福利收益。一旦干预市场均衡的农业政策发挥作用，就会存在因社会资源重新配置而使生产者或消费者获益的可能性。

2.6.4 行政组织变革理论

行政管理学是一门以国家行政机关依法、有效地管理国家事务、社会公共事务和机关内部事务为目的，系统地研究行政现象及其活动规律的科学。行政管理学又称行政学、公共事务管理学、公共管理学等，在国外没有行政管理的称呼，但相对应的说法是公共管理（Public administration）。行政管理学是以行政体系及其运行为研究内容的，是在研究行政体系及其运行机制的过程中寻找优化国家与社会公共事务管理途径的科学。也就是说，行政体系及其运行机制就是行政管理学的研究内容。

行政组织变革是不断适应环境，调整其结构形态，以提升组织效率和稳定性的结果。变革是组织稳定的基础，是组织发展的动力，也是衡量组织自我净化、自我调控机能的重要标志。

组织变革的必要性体现在：①从行政组织变革的目的看，组织变革是为了消除组织自身的种种弊端、增进组织效能、提高组织自身生存能力以及与外界保持动态平衡的重要途径，是行政组织的自我完善。②从组织变革的内容看，组织不仅与外在环境有互动关系，同时它的内部也包含着若干个次级系统，它们是组织发展所要维持或更新的主要对象。为了保证组织目标的达成以及维持组织内人际关系的和谐，这些次级系统必须随环境的改变而做有效适应。因此，就组织变革的内容看，组织变革是组织各次级系统有效分工协调的结果。③从组织变革的方法看，组织变革是以行为科学的理论与技术为基础的，也是组织为实现其目的的一种训练方式，为了实现组织变革有效达成个人行为改变和组织本身规范改变的目的，必须以行为科学的理论与技术为基础。组织变革必须重视两种技术：一是处理分析，即在组织处理事务时要做人际关系的心理分析，使组织成员获得激励，感情得到交流；二是敏感训练，通过心理培训使管理人员消除权力结构中的等级观念，以及由此而引出的戒备心理。这两种技术有利于消除组织成员间的隔阂，便于协同解决组织偏差。

成功实施组织变革的条件和原则主要包括以下几个方面：①组织所面临的情境压力已将组织推到非改不可的境地，除非变革，否则将无法继续生存下去。压力可能来自组织的外部，也可能来自组织的内部。②有计划的变革必须由组织管理部门来制定系统的规划和模型。这一规划和模型既要能适应当前的环境，又要能适应未来的变化，并且要同时考虑到目标、结构、技术、知识、态度、行为等诸方面的因果及其综合效应，还要使组织目标与个人目标形成最佳的配合。③负责考察组织历史、现状和设计未来的人必须对变革承担责任。④为避免重大失误破坏变革的进程和打击人们对变革的信心，应当首先在小范围进行变革实验，待取得成功的经验和失败的教训后，再向大范围推广。但必须注重实验的条件性和局限性，不可将实验典范绝对化。对包括国家行政组织在内的超大型组织来说，这一点尤其重要。

2.7 本章小结

本章主要对现代农业及农业行政管理的相关概念进行界定，并对农业行政管理的相关理论进行了梳理和综述。农业行政管理体制是指国家管理农业的各项制度和组织的总称。从管理制度的角度，它包括职能的划分、各种制度的制定与实施、制度实施的效果评价、管理方式和管理手段等方面，其中组织职权的划分是核心。农业行政管理的构成分析为下面研究的展开奠定了理论研究的范畴。本章综述了涉及农业行政管理的各种理论，如制度变迁理论、经济剩余理论行政组织变革理论等。制度经济学的相关理论将有助于研究我国农业行政管理体制的变迁、交易费用和路径依赖等问题；公共选择理论是我国实施政府组织再造、提高管理绩效的理论基础；新公共管理理论和实践则为我国实现农业行政管理体制创新提供了新鲜经验。对行政管理相关理论的梳理可以为行政效率的测算及行政管理职能的确定提供重要借鉴，而福利经济学理论则为判断政府公共管理效率提供了标尺和理论基础。

第三章　我国农业行政管理体制发展历程与现状分析

我国的农业行政管理体制改革历程是渐进式、较为曲折的。农业行政管理体制改革和经济体制改革之间关系较为密切。从我国农业行政管理体制变革轨迹来看，农业行政管理体制变革在时间上是落后于农业经济体制变革的，这也说明农业行政管理体制变革的主要目的是为农村和农业经济体制变革提供服务和管理基础。通过对农业行政管理体制改革历程的梳理，可以为系统地总结我国农业行政管理体制发展的成就、经验以及尚待完善之处提供实践基础。

3.1　我国农业行政管理体制发展历程

根据我国农业行政管理体制变革的特点，本研究按时间段，以 1978 年为界把农业行政管制变革历程分为两个阶段。第一阶段是改革前的农业行政管理体制（1978 年以前），第二阶段是改革后的农业行政管理体制变革（1978 年至今）。

3.1.1　改革前的农业行政管理体制

从新中国成立到 1978 年，我国处在社会主义改造和恢复、建设社会主义的关键时期。鉴于当时的资源匮乏的国情和政治目的，我国实行的是高度合一的计划经济体制，在农业领域也是这样。由于没有经验可循，这一时期我国农业行政管理体制的变革是较为曲折和动荡的。

农业部成立于1949年10月，是新中国成立初期国务院下设的第一批35个部委之一，主管全国农业行政、农业生产、农业教育和农业技术的研究、推广工作。与农业部职能相近的还有农林部，主管林业部和农垦部。1970年5月，中央批准将农业部、农垦部、林业部和水产部4个部门合并，成立农林部。

在新中国成立初期，由于我国的产业结构相对比较单一，农业还是主要产业部门，“以粮为纲”是当时农业生产情况的全面写照。因此，在农业行政管理体制的基层部门非常重视农业工作，各级政府部门是党政领导主管农业工作的主要部门，足见政府部门对农业的重视程度。但由于对农业主要生产资料土地的经营体制处置不当，使农业行政管理体制的变革也经历了曲折的变革过程。

1949—1952年，我国完成了农业社会主义改造，使农村的土地私有转变为集体所有制。1953—1958年，农村进行合作化运动，使原来计划用15年完成的合作化运动在短短5年内就仓促完成，1957年下半年快速进入到高级社状态，不但土地的所有权归集体所有，而且使用权、处置权也归集体所有。配合农村经营体制的变革，农业行政管理体制也过渡到“政社合一”的人民公社时代。人民公社1958年开始建立，1962年被作为一种政治制度加以确立下来，主要的特点是“政社合一”和“三级所有、队为基础”。前者是指乡政府和人民公社合二为一，合并起来的机构既是行政管理部门，也是农村集体经济组织的经济管理部门。后者是指公社、大队、生产队三级农村集体经济组织分别拥有自己的生产资料，生产队是基本经济核算单位。这种行政管理体制加剧了农村生产资料产权混乱的弊端，极大地阻碍了农业生产力的发展，使农村经济在很长一段时间陷于停步不前的境地。

由于这一时期农业行政管理体制的计划性，使这个时期的各种农业政策也体现出这一特点。除了土地所有制政策，还有农产品流通体制、金融制度、户籍制度等都带有计划行政性的特点。比如在农产品流通体制方面，1953 年我国实行了对一类、二类农产品统购、派购制度，严格限制一、二类商品的流通渠道，并且对集市贸易也实行了严格限制。农业科技与服务是由国家进行机构组建、人员调配、经费支付，教科研工作完全由国家计划制订。

3.1.2　改革后的农业行政管理体制

1978 年十一届三中全会之后，随着农村经营体制改革的不断深入，我国的农业行政管理体制进行了渐进式的改革，无论是在管理机构设置还是在管理方式、管理理念等方面都发生了较大的变化。从 1978 年到现在我国农业行政管理体制大概经历了六次变革，从管理理念的角度可以把这个时期的变革分为两个阶段。第一阶段为计划经济向市场经济体制过渡阶段（1978—1991 年），第二阶段是市场经济体制建立到逐步完善时期（1992 年至今）。

（1）由计划经济向市场经济过渡阶段（1978—1992 年）

这个阶段农业行政管理体制的变革主要以机构整合为调整重点，主要经历了两次较为重要的机构改革。

1982 年，党的十二大提出了计划经济为主、市场经济为辅的原则。认为我国是在社会主义公有制基础的计划经济。顺应经济建设和体制变革的需要，农业行政管理体制进行了改组。将农业部、农垦部、国家水产总局及农机部的一部分合并为农牧渔业部。改革后的农牧渔业部职能配置由以管理种植业为主转变为对农、牧、渔、乡村工业的综合管理。

1987 年 10 月，党的十三大确立了“国家调节市场，市场引导企业”这一宏观管理模式。1988 年的第二次机构改革是以调整职能和机构整合为重点。将原有的农牧渔业部更名为农业部，裁减了专业管理部门和部门内设的专业机构，减少了专业部门对企业的干预，从而提高了政府的宏观调控能力。同时，进一步拓宽了农业部的职能范围，在原有职能的基础上增加了农业经济体制改革管理、农业区划、农业环境保护、农村合作经济指导、质量标准管理等方面的职能。

同一时期，家庭承包经营体制在农村确立，农村基层行政管理体制也进行了改革。1983 年实行了政社分设的改革，到 1984 年全面结束。改革的主要内容是确立乡（镇）政府是对本地区进行行政管理的基层组织，在原来的生产大队基础上成立的合作社经济组织（南方称为村公所）是集体土地的所有者，掌握集体的经济业务（如土地发包）；在原有生产队的基础上建立村民小组。这一改革为家庭承包经营体制的推行奠定了体制基础。

在这一阶段，我国的农业政策包括土地制度、农产品流通体制等方面也发生了变革。土地家庭承包经营体制加以确立，土地承包期限为 15 年。在农产品流通体制方面也改革了统派购制度，1985 年实行了合同订购，1988 年还实行了“保量放价”价格双轨制运行。但是应该看到，虽然在这一时期内我国农业行政管理体制进行了改革，但改革仍处在起步阶段，政府、企业和市场的关系尚没有完全理清，农业行政管理部门对农业和农村经济的管理上还具有较强的行政和计划色彩。

（2）市场经济体制建立到发展时期（1992 年至今）

这一阶段的改革重点是调整、转变和理顺农业部门的行政管理职能。这一阶段主要进行了四次较为重大的变革，分别是 1993 年、1998 年、2003 年和 2008 年。

1992 年 10 月，党的十四大提出改革的目标是“建立社会主义市场经济体制。”顺应建设社会主义市场经济体制的需要，1993 年我国农业行政管理体制进行了第三次变革，这次变革的主要目的是发挥市场在资源配置中的作用，提高农业生产要素的配置效率。以转变职能、理顺关系、精简机构和人员、提高效率和效能为原则，改革旧的管理体制和方式，实行政企分开、政事分开。为此，在机构设置方面，农业部进行了机构整合，减少了两个司局，并新成立了市场信息司。与此同时，也进行职能调整，农业部增加了制订农村经济体制改革方案和农产品市场与信息流通体系建设的职能。管理手段、方式也发生了变革，由过去的直接管理向间接宏观调控过渡，由行政管理方式逐步向经济、行政和法律手段过渡。

根据党的十五大精神、第九届全国人民代表大会第一次会议批准的国务院机构改革方案和《国务院关于机构设置的通知》（国发［1998］5号），1998年农业行政管理体制进行了改革开放以来最大规模的第四次改革。这次改革的目标是建立适应社会主义市场经济要求的、有中国特色的农业行政管理体制。这次改革对农业部的机构和职能进行了重大调整。在机构设置方面，农业部设立了16个司局，基中畜牧兽医局与全国饲料工业办公室合并成立畜牧兽医局，原国务院扶贫开发领导小组办公室改为农业部内设司局（2002年原农业部内设机构国务院扶贫开发领导小组办公室单独设置），另设党委机关。在职能方面，对现有职能进行了调整，划入、划出下放了部门职能。加强了农业行政管理部门在宏观农业政策和战略制订，产业政策研究、制订和实施，社会化服务体制建设，深化农村经济体制改革，促进产业化经营方面的职能。将出入境口岸动植物检疫、农机制造草原野生动物保护、村镇建设规划、农村环境保护等方面的职能划给相关部门管理。将农业进出口、价格与信贷、农业产业化经营等方面的直接管理职能转变为提出政策建议和预测、发布信息等间接管理职能。同时，将农机修造、农机供油和维修网络建设方面的职能下放给地方农业行政管理部门负责管理。

2003年，根据党的十六大和十六届二中全会审议通过的《关于深化行政管理体制和机构改革的意见》，我国进行了第五次行政管理体制改革，但是这次改革在农业部门并没有太大变化。2004年，农业部增设了兽医局和国家首席兽医师。

2005年10月通过的《中共中央关于制定“十一五”规划的建议》中指出：“加快行政管理体制改革，是全面深化改革和提高对外开放水平的关键。”指出行政管理体制改革是“十一五”期间的重要内容。

2008年2月27日，中国共产党第十七届中央委员会第二次全体会议通过《关于深化行政管理体制改革的意见》和《国务院机构改革方案》，指出了深化行政管理体制改革的必要性和急迫性，提出了深化行政管理体制改革的指导思想、目标和和原则，指出要转变政府行政管理职能和加快推进政府行政管理体制改革，并在加大机构整合力度、探索职能有机统一的大部门体制等方面迈出重要步伐。同时，会议还提出，按照到2020年建立起比较完善的中国特色社会主义行政管理体制的总目标，坚持统筹兼顾、突出重点、积极稳妥、分步实施，坚定不移地把行政管理体制改革推向前进，推动构建充满活力、富有效率、更加开放、有利于科学发展的体制机制，为改革开放和社会主义现代化建设提供重要制度保障。这次改革的主要亮点是探索实行大部制改革。大部制改革主要在一些阻力较小的部门如交通部、人力资源部展开，农业部门由于历史制度因素沉积太多，涉及部门和职能调整过多而没有进行。但是在一些省市如深圳市、重庆市、成都市等，大部制改革已经开始进入实验阶段。早在2004年，成都就进行了“大农业”改革，将原市委农村工作办公室、市农牧局、市农机局进行整合，组建成市农业委员会。2008年8月，重庆市在全国率先开始了大部制改革的实验。将原农业局、农机局与农村综合办公室合并组建重庆市农业委员会，保留中共重庆市委农村工作委员会为市委派出机构，主要负责全市农村工作系统党的建设、精神文明建设和党风廉政建设，统筹协调全市新农村建设工作；市委农工委、市农委实行合署办公。另外，将市农业综合开发办公室由市政府农村工作办公室管理调整为市农委管理，机构规格为副局级；将市农机事业管理局由市政府直属事业单位调整更名为市农机管理办公室，设在市农委，机构由正局级事业机构调整为副局级行政机构。并调整了部门职能：原市农业局承担的农村劳动力转移、进城务工农民的管理和服务的相关职能划归市劳动和社会保障局；原农村工作办公室承担的农田基础设施建设、市农机局承担的农村机电提灌管理的相关职能划归市水利局。大部制的实施，精简了机构，提高了政府的行政效率。经过调整，市直属机构减少1个，直属局事业机构减少1个，而处级内设机构则减少了16个。农委在资金规划和运用、统筹城乡经济发展方面的职能进一步加强。作为国家城乡统筹综合配套改革试验区，重庆市的大部制改革对我国进一步加强我国农业行政管理体制的改革起着重要的示范作用。

虽然大部制改革尚未在农业行政管理部门全面展开，但是随着现代农业和统筹城乡发展的进一步深入，农业行政管理改革的大部制趋势势在必行。

3.2 我国农业行政管理体制发展现状

3.2.1 组织结构与职能

（1）农业部及其职能

农业部是主管农业与农村经济发展的国务院组成部门。它既是种植业、畜牧业、乡镇企业和饲料工业等产业的综合管理部门，又是国家实现农业宏观调控的协调部门。根据1998年国务院机构改革方案的规定，农业部设立16个司局，分别是办公厅、人事劳动司、产业政策与法规司、农村经济体制与经营管理司、市场与经济信息司、发展计划司、财务司、国际合作司、科技教育司、种植业管理司、农业机械化管理司、畜牧兽医局（全国饲料工作办公室）、农垦局、乡镇企业局、渔业局、国务院扶贫开发领导小组办公室。2008年9月，适应农产品的市场需求和消费者需求需要，农业部又新成立了农产品质量安全监管局。

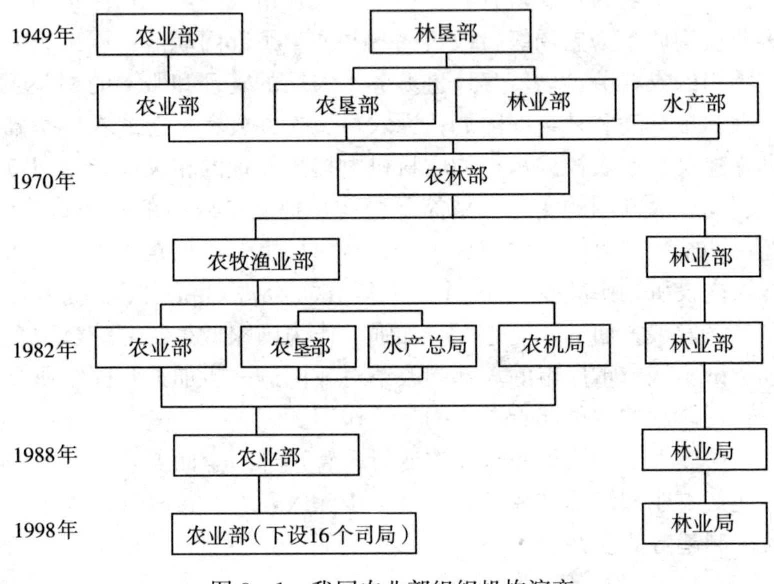

图 3－1　我国农业部组织机构演变

农业部的主要职责如下：

宏观管理职能。研究拟定农业和农村经济发展战略、中长期发展规划，经批准后组织实施；拟定农业开发规划并监督实施。

政策制定职能。研究拟定农业的产业政策，引导农业产业结构的合理调整、农业资源的合理配置和产品品质的改善；提出有关农产品及农业生产资料价格、关税调整、大宗农产品流通、农村信贷、税收及农业财政补贴的政策建议；组织起草种植业、畜牧业、渔业、乡镇企业等农业各产业（以下简称农业各产业）的法律、法规草案。

深化经济体制改革职能。研究提出深化农村经济体制改革的意见；指导农业社会化服务体系建设和乡村集体经济组织、合作经济组织建设；按照中央要求，稳定和完善农村基本经营制度、政策，调节农村经济利益关系；指导、监督减轻农民负担和耕地使用权流转工作。

推进市场体系建设和产业化经营职能。研究制定农业产业化经营的方针政策和大宗农产品市场体系建设与发展规划，促进农业产前、产中、产后一体化；组织协调菜篮子工程和农业生产资料市场体系建设；研究提出主要农产品、重点农业生产资料的进出口建议；预测并发布农业各产业产品及农业生产资料供求情况等农村经济信息。

推进可持续农业建设和生态环境保护职能。组织农业资源区划、生态农业和农业可持续发展工作；指导农用地、渔业水域、草原、宜农滩涂、宜农湿地、农村可再生能源的开发利用以及农业生物物种资源的保护和管理；负责保护渔业水域生态环境和水生野生动植物工作；维护国家渔业权益，代表国家行使渔船检验和渔政、渔港监督管理权。

农业科教研究职能。制定农业科研、教育、技术推广及其队伍建设的发展规划和有关政策，实施科教兴农战略；组织重大科研和技术推广项目的遴选及实施；指导农业教育和农业职业技能开发工作。

农产品质量监督、检测和管理职能。拟定农业各产业技术标准并组织实施；组织实施农业各产业产品及绿色食品的质量监督、认证和农业植物新品种的保护工作；组织协调种子、农药、兽药等农业投入品质量的监测、鉴定和执法监督管理；组织国内生产及进口种子、农药、兽药、有关肥料等产品的登记和农机安全监理工作。起草动植物防疫和检疫的法律法规草案，签署政府间协议、协定，制定有关标准；组织兽医医政、兽药药政药检工作；组织、监督对国内动植物的防疫、检疫工作，发布疫情并组织扑灭。

对外合作、交流职能。承办政府间农业涉外事务，组织有关国际经济、技术交流与合作。

业务指导职能。指导直属事业单位的工作及部属企业改革；

监督部属企业国有资产保值增值；按照权限管理直属单位人事、劳动工资、机构编制工作；指导有关社会团体为农业经济发展服务。

（2）涉农部门主要职能

在执行农业行政管理和调控职能方面，除了农业部为国务院认定的直接管理部门之外，许多涉农部门也履行着部分行政管理职能，如农村发展战略的制定、农业对外合作与交流、农产品质量检测、农业资金运用。

国务院发展改革委员会（农村经济司）。主要职能是综合分析农业和农村经济发展情况，提出农村经济发展战略、体制改革及有关政策建议，协调农业和农村经济社会发展的重大问题；衔接平衡农业、林业、水利、气象等发展规划、计划和政策，提出重大项目布局建议并协调实施。

国家粮食局。主要职能是承担确保粮食安全和流通体制改革工作。具体职能包括研究提出全国粮食宏观调控、总量平衡以及粮食流通的中长期规划；制定粮食流通体制改革方案；培育粮食流通体系建设、推动国有粮食企业改革以及承担中央储备粮行政管理责任等。

国家质量监督检验检疫总局。其主要涉农部分职能由动植检验检测司、食品生产监管司等部门负责，主要职能是对动植物产品生产、进出口、营销等环节进行监督、检疫、检验和测量、标准化工作。

商务部。主要负责农业对外经济合作、对外投资、对外援助以及进出口工作。对一些重要的农产品如粮食、棉花由国家发展和改革委员会会同商务部在进出口总量计划内进行分配并协调相关政策。

财政部农业司。主要职能是负责预算资金的管理，包括财政支农资金、政策性农业和扶贫专项贷款贴息、财政扶贫资金以及农业事业资金和土地综合开发资金、项目资金等专业资金的管理和考核。负责研究财政支农政策及参与编制农业发展规划；制订财政支农资金管理办法和农村事业、企业财务管理制度等。

国家环保局自然生态保护司。主要负责生态、动植物、湿地、和农村环境、农村土壤保护工作。具体职能包括负责指导、协调、监督生态保护工作。协调和监督野生动植物保护、湿地环境保护、荒漠化防治和珍稀濒危物种进出口管理工作。牵头负责生物多样性保护、生物物种资源（含生物遗传资源）和生物安全管理工作。组织协调农村环境保护工作，组织指导农村环境综合整治工作，指导生态示范建设与生态农业建设。监督管理农村土壤污染防治工作。承担国家生物安全管理办公室工作。

林业局。负责森林资源的保护和开发工作。具体负责全国林业及其生态建设的监督管理、组织、协调、指导和监督全国造林绿化工作、野生动植物资源、湿地资源的保护以及林权改革工作。

3.2.2　运行机制

（1）农业部门与涉农部门之间的职能划分

职能范围内工作。凡是职能范围内工作涉农工作由涉农部门独立承担，特别是日常管理事务均由各部门独立完成，比如，农田水利建设的经常性工作由水利部完成等。

尚未明确分工的事项或者是重大的政策或管理方式的变动，均须上报国务院批准。国务院的程序是，首先，事项的主办部门提出意见，如果该事项还涉及其他有关部门，则主办部门必须事先征求有关部门意见，并进行主动协调，力求形成一致意见，上报国务院批准。如果主办部门和相关部门协调后仍无法形成一致意见，则由主办部门将各有关部门意见及理据汇总，连同本部门意见与理据，一并上报国务院决定。

在日常农业管理活动中，凡涉及几个部门的事项，则通常以一个部门为主，几个部门联合行动。例如，农民负担管理涉及农业部、财政部、国家发展与改革委员会、监察部等部门，虽然经常性的管理工作由农业部负责，但凡涉及农民负担的检查或政策变动，几个部门都要参与。

（2）中央农业部门与地方农业部门之间的职能划分

地方农业行政管理体制与中央农业管理机构设置上较为相似。地方农业管理体制的部门组成和职能分配结构基本上类似于中央农业管理体制。在组织机构的设置上地方和中央基本上是实行对口设置，即中央有什么部门，地方也设立相应的部门。在地方农业行政管理部门内部也存在着对口的现象。以黑龙江省农委为例，除了乡镇企业局和农垦局之外，农业部设立的其他司局黑龙江都存在着对口单位。由于地方和中央在农业行政管理机构的设置上有相似之处，所以在职能履行方面也存在着相似之处。从黑龙江省农委和农业部的职能对比分析来看，二者在履行农业生产结构调整、制定产业政策、完善农村经营管理体制和促进产业化发展以及制订中长期农村和农业发展规划等职能方面有相似之处，不同的是在职能覆盖范围方面不同，前者是全国，后者是地区。

中央和地方农业行政管理部门职能履行重点不同。虽然在职能的内容方面中央和地方行政管理部门有相似的地方，但各自侧重点不同。中央农业行政部门体制主要负责全局性、长远性、战略性和综合性的政策及决策。例如建立农产品专项储备资金确保粮食安全，公共物品的提供，现代农业建设以及中长期全国农业战略发展规划的制订、全国统一农产品市场的培育以及全国大型农田水利建设等。而地方农业行政管理主要立足于本地的农业经济的发展和财政收入的提高，主要解决的是地方事务，所从事的管理的内容更为具体和有针对性。例如黑龙江省农委承担着发展地区特色经济，支持建立市场中介组织、引导发展农民专业合作经济组织，指导地区农业资源区划等具体工作。由于黑龙江省是全国粮食主产区，是全国大宗粮食生产基地，农委还承担着贯彻落实促进大宗农产品流通的政策，研究制定大宗农产品市场体系建设与发展规划的相应职能。

3.3 我国农业行政管理体制改革的成就及存在的问题

3.3.1 我国农业行政管理体制改革取得的成就

适应农村经济体制改革和农村经济发展的需要，农业行政管理的组织机构和职能不断调整和整合，使农业行政管理的执政能力和制度建设进一步加强。

（1）管理理念发生重大变化

我国的农业行政管理体制不断进行调整以适应新形势的要求。1988年机构改革中，农业行政改革提出了“转变职能，下放权力，调整结构，精简人员”；1993的机构改革中，农业行政改革提出“转变职能、理顺关系，精兵简政、提高效率”。十七届二中全会提出“要加快政府职能转变，深化政府机构改革，加强依法行政和制度建设，为实现深化行政管理体制改革的总体目标打下坚实基础。”2008年党的十七届三中全会明确提出要建立职能明确、权责一致、运转协调的农业行政管理体制。与计划经济时代相比，农业行政管理理念发生了较大变化，表现为以下几个方面：一是合理划分企业、市场与政府的职能界限。政府不再直接干预企业和市场的运作机制，而是通过宏观调控调节市场，市场引导企业。从我国的农业政策的演变可以看出这个趋势。农业政策的制定越来越朝着市场化和效率化的方向演变。例如农产品流通体制变革，我国在20世纪80年代中后期取消了统购和派购制度，实现了合同定购和保量放价，在1993年放开了粮食购价市场，实现粮食购买市场化，在2004年又实现了粮食销价市场化，极大地提高了农户的生产积极性。同样，在土地改革方面也取得了较大的成就。在1993年我国使土地承包期限延长为30年，2002年8月29日，第九届全国人民代表大会常务委员会第二十九次会议通过了《农村土地承包法》，对土地调整、土地承包权利义务、土地承包经营权流转、土地承包期限等进行了严格规范，使土地承包合同成为法定的的权利，标志着土地制度进行了法制化的轨道。2007 年 3 月 16 日，第十届全国人民代表大会第五次会议通过了《物权法》，赋予土地承包经营权的用益物权性质。由于土地政策的法制化和效益化，产生了较大的绩效。2007 年土地承包纠纷数比 2006 年、2004 年和 1992 年分别减少了 15.8%、51.7%和 86.3%。二是行政管理方式发生变革。由直接管理向间接管理转变，由静态管理向动态管理。例如过去计划经济时代农业生产结构调整是由基层政府统一安排，可在现时则主要是由农户自主决策，决策主体的微观化，使决策的失误率极大的改善。三是强调管理的信息化和公开化。

（2）管理职能明晰化

随着行政管理体制改革的深入，农业行政管理的管理理念更加适应市场需求和社会主义建设的要求。2005 年底胡锦涛主席在中共中央政治局第二十七次集体学习上指出：在社会主义市场经济条件下，政府的主要职能是经济调节、市场监管、社会管理、公共服务。《中共中央关于深化行政管理体制改革的意见》指出：深化行政管理体制改革的总体目标是建成服务政府、责任政府、法治政府和廉洁政府。从以上改革趋势可以看出，农业行政管理体制的职能范围将主要集中在为微观经济主体创新良好的市场环境和提供公共服务及公共产品方面，这有利于合理划分企业、政府、市场的管理边界，也有利于三方比较优势的发挥，从而产生较好的合作及整体效益。

除了管理职能进一步明晰化之外，管理的职能范围也进一步拓宽。党的十六大之后，我们确立了发展现代农业和统筹城乡发展的目标，政府意识到农业的问题不应只由农业本身解决，而是要通过统筹工农业发展、统筹城乡发展来实现。适应这种需求，农业行政管理的职能范围进一步拓宽，部分职能加以强化。例如在 1993 年进行改革时，“研究拟定农业产业化经营的方针政策、实施规划，促进农业产前、产中、产后一体化发展。”这一职能被加以强化，以促进产业化经营和工农协调发展。与过去政府行政管理职能主要集中在生产领域相比，现今的职能逐渐扩大到农户的生活领域和环境保护领域。为增加我国的农产品竞争力，农产品质量检测和检疫也成为农业行政管理的主要职能之一。

(3) 调控方式和管理手段加强

与传统计划经济时代的管理方式相比，我国现阶段农业行政管理体制的调控方式和管理手段得到很大程度地提高。在调控方式上逐渐由直接的行政管理方式向间接的经济和法律手段过渡。农业行政管理的法制化加快，经济调控方式如信贷和税收方式得到较为广泛地应用。农村改革三十年来，我国的农业法律体系建设进一步完善。根据 2010 年 4 月农业政策法规工作会议所提供的资料显示，目前，农业领域已出台现行有效法律 15 件、行政法规 25 件、农业部规章 160 件、地方性法规和规章 587 件。农业法律体系日益完善，为依法兴农、依法护农提供了有力的法制保障。农业执法工作也取得较大进展。1999 年 11 月，国务院发布了《国务院关于全面推进依法行政的决定》，使农业执法进程进一步加快。截止 2009 年底，全国已有 30 个省、197 个市和 1 840个县开展了农业综合执法工作，县级农业综合执法开展比例达到 75%，浙江、江苏、河北、湖南、福建、广西、贵州、宁夏和安徽 9 省（区）农业县已经全部实行农业综合执法，率先完成工作目标。山西、重庆、江西、湖北、山东、四川 6 省（区）县级农业部门开展综合执法的比例达到 80%。此外，多样化的经济调控方法也得到应用，比如面对农户的价格支持、农业“四补一减”，面对产业化龙头企业的信贷和税收优惠政策等。这些手段和方式的应用使我国农业行政管理的执政能力得到很大程度的提高。

（4）组织结构得到优化

经过多年的改革，我国现在基本形成了综合农业行政管理部门和专业农业行政管理部门、地方农业行政管理部门和中央农业行政管理部门相互结合的较为健全的农业行政管理组织系统。农业部下设17个司局，其职能覆盖政策制定、宏观调控、产业协调、科技研究、生态环境保护、农产品质量检验和监督、法律制定等多方面的职能，基本涵盖了农村和农业生产和生产领域的各种问题，为提高农业行政管理效能奠定了组织基础。

3.3.2 我国农业行政管理体制存在的问题

虽然我国农业行政管理体制改革取得了较大的成就，但是由于我们现存的农业行政管理体制脱胎于计划经济体制，还留存有传统计划经济时代的诟病。同时，相对于其他行业，农业行政管理体制的改革比较落后，存在着一些与市场经济体制不相适应的地方。

（1）涉农部门之间的权责尚须进一步理清

从以上对涉农部门之间的职能分析可以看出，在农业的管理上存在着多头领导。直接农业行政管理部门和涉农部门之间部分职能交叉重复。以农产品质量监管为例。按照2006年实行的《农产品质量安全法》规定，“县级以上政府农业行政主管部门，负责农产品质量安全的监督管理”。但实际上，农产品质量安全涉及多个部门，包括工商、卫生和质量监督检验检疫等。质量监督检验检疫局下设动植检验检测司、食品生产监管司，主要职能是“对动植物产品生产、进出口、营销等环节进行监督、检疫、检验和测量、标准化工作”。在《食品安全法》颁布一周年之后，2010年1月武汉检测出来自海南的豇豆含有禁用的农药——水胺硫磷，从而引发了自“三鹿”事件之后又一次大范围的食品安全事件。这些事件的暴发充分说明了我们现有的农产品及食品检测和监管体制的缺陷。针对海南“毒豇豆”事件，钟南山院士说："从农药的购买到产品的出厂、上市流通，涉及很多部门，譬如包括农业部门、质检部门、工商部门，还有检疫检验部门等，问题的出现与多部门管理又管理不力有关。因此，多部门管理的体制需要改革。"再比如对农业合作社的管理也存在着多头管理的现象，政府部门由农业部（省、市）下属农村合作经济管理司（站）负责，同时全国供销合作部社和地方供销社也负责供销社系统的农业合作社的管理工作。农业部及其直属部门承担着农业可持续发展和环境保护工作，但土壤保护、农村环境工作却是由国家环保总局负责。大宗农产品市场体系建设是由农业部门负责，而粮食流通体制的职能则由粮食局管理。农业部门和其他涉农部门职能划分不清，容易造成工作中相互扯皮，名义上谁都管实际上谁都不管，从而降低管理效率。

（2）管理职能缺乏有效衔接

现代化的农业是"大农业"，大农业的特点是商品化、专业化、合作社、产业化和一体化。这就需要现代化的管理方式和管理理念，以确保供应链条的有效衔接。但是受计划经济体制影响，农业行政管理体制只注重对生产环节的管理，而对加工、流通和消费的管理则相对薄弱，农业行政管理部门缺乏对这些环节进行管理的权利必备的知识储备。从农产品（食品）链条来看，我国现有的农业行政管理体制特点是分散的，农业生产和生活由不同的部门负责、农业的生产、流通、消费以及贸易（包括国内贸易和国外贸易）都由不同部门负责，从而人为地割裂产业链条，不利于链条的有效衔接，也不利资源的整合和集中利用。以粮食为例，除粮食的生产、国内检疫、技术推广由农业部独立管理外，粮食的市场平衡、进出口计划、配额分配和购销价格由国家发改委管理；农业生产资料的流通由国家发改委和供销合作总社管理，农业的重大科技攻关计划和科技产业示范由科技部管理，粮食及其加工品的质量安全、进出口粮食的卫生监督检验由国家质检总局管理，粮食的数量安全和流通则由粮食局管理，粮食贸易谈判和贸易争端由商务部管理，粮食收购资金由农业发展银行管理，农产品市场体系建设由国家发改委和农业部共同管理，食品加工政策由国家发改委管理。据统计，在农业产前、产中、产后的管理上，共涉及14个部委（局）。由于职能交错而延伸出来的管理机构更是数量众多，职能重叠。此外，农业生产和农村环境、规划也是分割的。农业生产主要是由农业部门负责，而农村环境、土壤问题则由国家环保总局负责，农村规划则是由建设部门负责。农业职能在产业链条上的人为分割，会增加农业主管部门和其他涉农部门的交易成本和协调成本，会降低管理决策的及时性和有效性。

（3）农业部门的权责不对应

从农业部门的管理职能上看，其职能覆盖了农业生产和生活的多个方面。包括制定农村经济发展战略、农业政策，推进农村产业化发展、市场体系建设，促进农村可持续发展和环境保护，对外农业交流和合作、农产品质量监管等方面的任务。农业部门负担的职能较多，需要相应的权力和资源保证。但是从目前来看，农业部门的权力边界较窄，而且有些职能是由其他涉农部门承担，如果履行的话则需要与上级部门进行协调，所以无法承担这么宽泛的职能序列。农业职能的履行需要具有相应的财权，但是目前财政预算内的资金项目，如农业事业资金、农业基建资金、农业扶贫资金、农业土地综合开发资金以及农业科技教育资金是由国家财政预算来安排的，相当大的部分在主管农业和农村经济发展的国家农业部不能调控的范围内，而是由其他部门负责管理。资金的分散利用不利于资金的集中管理和集中使用，从而降低了资金的使用绩效，也使一些农业行政管理职能难以得到有效执行。各级地方政府之间也存在着“事权”与“财权”不对称现象。在地方政府体系内政府行为中，越是下一级政府，承担的管理职能越具体，但其所能够支配的人、财、物能力却越弱。在地方政府农业管理体制中也呈现出这样一个特点，即越是基层政府，涉农部门的职能越弱，政府的职能越强。

（4）农业行政管理的手段单一

虽然我国农业行政管理体制已经发生变革，由原来的行政管理逐渐演变为比较重视经济手段和法制手段，但是实际执行中经济手段比较单一，宏观调控职能未能得到充分发挥。进行农业宏观调控的主要手段应该包括财政政策、货币政策和产业政策，前两者侧重于总量管理，后者侧重于结构调整。但是在目前，我国用于农业宏观调控的主要手段是财政政策，比较常用的是财政贴息、直接补贴和转移支付等，例如对于符合农业综合开发扶持范围的贷款项目，由中央财政农业综合开发资金中单独安排资金用于财政贴息。对农户的“四补一减”以及对于农村贫困人口的生活补贴等，在农产品价格上涨过程中各地政府平抑物价上涨的主要手段就是应用财政政策，如以农产品批发环节进行补贴及对消费者进行直接补贴等。货币政策（主要是利率政策）和产业政策则在农业行政管理体制利用相对较少。

另一方面，虽然我们农业法律体制相对健全，但在实际工作中执法力度小，行政执法意识较差，降低了法律对于农业和农村经济的约束力度和效力。农村假冒伪劣商品屡禁不止，农产品质量安全事故频繁发生。这些问题反映出我国目前农业行政执法认识不足、体制不顺、力度不大、手段不强等问题，从而影响了一些地方农业部门及时、全面地履行法定职责（表 3－1）。所谓行政执法认识不足，是指农业人员缺乏对行政执法必要性的认识；所谓体制不顺，是指行政执法权力责任不明确，农业行政执法到底是由哪个部门来履行，农业行政部门应该行使什么法律权力关系不清；所谓力度不大，是指法律的约束力没有通过有效执法加以发挥；所谓手段不强，是指在行政执法过程中缺乏多样化手段和形式（例如单独执法还是综合执法）的运用。例如，我国 2007 年颁布了《中华人民共和国农民专业合作社法》，法律中把国家的扶持作为一项法律制度加以确定下来，法律明确要求地方各部门要对合作社的发展给予资金的支持，但是从各地的执行情况来看，许多地方的农业金融体系并未把合作社作为放款对象，农业合作社资金融资存在困难。

表 3-1　影响政府有效履行职能的薄弱环节

选　　项	选择计数（人）	百分比（%）
（1）执法依据不足	29	63
（2）法律手段不足	20	43.5
（3）办公和装备等物质条件差	16	34.8
（4）运用现代化办公技术的意识不足	16	34.8
（5）公务员素质低	15	32.6
（6）政府管理水平低	23	50.0
（7）其他答案	2	4.3
（8）参选人数总计	46	100.0

资料来源：石亚军．中国行政管理体制专项问卷调查数据统计．中国政法大学出版社，2008。

（5）基层农业行政管理部门体制不顺

这方面主要的表现是对上级农业部门的农业政策执行不到位，基层农业行政管理体制改革缓慢。从我国农业行政管理体制改革的历程来看，中央级的农业行政管理部门改革相对较快，而省县市级的农业行政管理体制改革则相对较慢。这主要是由于基层农业行政管理部门涉及较多的地方利益关系和部门利益关系，所有改革的阻力较大。以农业推广体制的改革为例，农业推广体制改革有朝着营利化方向发展的趋势。例如有些地方借着农业推广的名义向农户高价售卖种子和地膜等生产资料，使农业推广的公共服务部性质发生改变。为此 2006 年国务院下发《关于深化改革加强基层农业技术推广体系建设的意见》要求基层农技推广机构改革要“明确公益性职能”。但是，截至 2008 年 4 月，国务院文件下发已近 3 年，黑龙江、广东、海南、西藏和新疆 5 个省区未出台贯彻实施意见，有的省仅出台了工作方案，已出台贯彻实施意见的大多数省份也还处在县级方案的制订或报批审核阶段，县乡实施工作尚未全面启动，基层农技推广机构改革进展缓慢。很显然，这种做法是与中央意见不相符合的，实质上是利用公共资源谋求部门私利，这不但损害了农户的利益，也不利于其他农业推广组织在市场经济中的公平竞争。因此，理顺基层组织与市场及市场主体的职能界限，建立对基层农业行政管理组织的监督和绩效考评机制也是推进农业行政管理体制改革的重要举措。

3.4　本章小结

从 1978 年到现在我国农业行政管理体制大概经历了五次变革，最终确立了以农业部、林业局为农林经济发展主管部门，由其他多个涉农部门参与的农业行政管理组织和结构。适应农村经济体制改革和农村经济发展的需要，农业行政管理的组织机构和职能不断调整和整合，使农业行政管理的执政能力和制度建设进一步加强。主要表现为：①管理理念发生重大变化；②管理职能明晰化；③调控方式和管理手段加强；④组织结构得到优化。但是由于我国现有的农业行政管理体制脱胎于计划经济体制，它的发展还存在以下几个方面的问题。表现为：①涉农部门之间的权责尚须进一步理清；②管理职能缺乏有效衔接；③农业部门的权责不对应；④农业行政管理的手段单一；⑤基层农业行政管理部门体制不顺。这些存在的问题和现代农业的需求不相适应，也难以满足农户的需要，必须对管理体制进行变革，在保持传统优势的基础上，引入制度创新，从而使政府的管理效率得到有效提高。

第四章　我国农业行政管理的成本和绩效分析

收益与成本问题是经济学研究的永恒主题，但我们更多的是从个人和企业的角度来研究投入产出的效率问题。近些年来，随着民主管理和主体地位意识地增强，人们越来越关注特殊主体——政府的行政管理绩效问题。政府执政能力和公信力的提高，以及政府的行政成本支出已经成为人们关注的焦点问题。从国际上看，科学地处理行政成本与收益的关系问题，牢固树立政府的成本意识，已经成为当代政府治理理论和实践的主流。早在20世纪80年代，西方国家兴起了“公共管理”和“新公共管理”运动，这是对传统行政管理方式的变革。其变革的核心在于提高政府的行政管理效率，管理手段、管理理念都实现了创新。在公共行政管理中引入了企业式的管理方式，尝试建立扁平化的组织结构，并且在管理中引入竞争机制，密切与非政府机构的合作交流。这些措施在一定程度上达到了削减经费、降低成本，增强能力的行政目标。例如加拿大政府通过“新公共管理”运动实现了减负20%的目标。与一些国家相比，我国的行政成本总体水平偏高的。作为制约农业行政管理效率的重要组成部分，了解农业行政成本的构成及变革趋势，对于确立农业行政管理体制改革的方向和制定措施有重要意义。

4.1　农业行政管理成本的含义及构成

4.1.1　农业行政成本的含义

在了解农业行政管理成本之前，需要对行政管理成本的概念进行科学的界定。无论是国际还是国内，学术界对于行政管理成本的概念并没有形成共识。在分析政府的行政管理成本时，经常用到的是“行政成本”的称谓而不是行政管理成本。因此，在界定行政成本的概念时，首先要明确二者的关系。在对二者的关系的认识上，学者存在两种观念：一种观念认为行政管理成本和行政成本是等同的。例如何翔舟（2007）在对中国行政管理成本进行实证分析时，首先是从对行政成本的理解和分类开始的。第二种观念认为，行政管理成本和行政成本是不同的概念，二者的内涵和外延不同。所谓行政成本就是行政机构依据法律的规定治理、管理和执行行政事务过程中所耗费的各种费用，包括现在的以及未来可能的费用总和。行政管理成本仅指为了维持履行行政职能的行政机构本身正常运转所需要耗费的费用（董娟，2008）。从第二章的分析我们知道，国家进行行政管理的主要目的是提供公共服务和公共产品，因此我们在对行政管理机关进行成本和效率分析时，不但要考虑行政机关本身的组织成本，还要分析各项职能在实施时的效果及花费，也就是在提供公共服务和公共产品时所需花费的一切支出。从这个角度理解，笔者赞同第一种观点，即在本研究中认为行政管理成本和行政成本概念同一。

对于行政成本的概念，学术界有不同的理解。比较传统的理论认为：行政成本是国家行政机关为了完成各项行政任务，维持其正常工作所必需的经费开支。这是一种狭义的行政成本概念，把行政成本的概念和行政费用等同起来，而忽视了政府在进行决策和执行功能时所发生的各种机会成本。与之相似的观点认为：“行政成本就是在行政管理工作中为完成一定的有效行政行为所消费的人力、物力和财务的总和，是所作出的可以用货币度量的价值牺牲”（王庆仁，1999）。

把行政成本和行政费用等同起来，使行政成本的范围界定过于狭窄，忽略了政府行政部门在执行职能时由于决策失误及寻租而导致的成本，使政府的绩效管理成为空谈。后来的学者进行了进一步修订和拓宽。周镇宏、何翔舟（2001）认为行政成本是政府及其行政过程中所发一的各种费用和开支，以及由此而引发的现今和未来一段时间的间接性负担。朱慧涛、王辉（2008）认为行政成本是指政府为了实现对社会的公共管理和为公众提供公共服务，所耗费的各种资源，以及由其所引发出的现今和未来一段时间的间接性损失。包括直接成本和间接成本两部分，其中直接成本是政府在行政过程中所发生的各种费用开支，而间接成本则是政府选择某种行为时所放弃的另一行为可能带来的收益。这种观点实际上认为行政成本是行政费用和机会成本之和。“乡镇政府行政成本研究”课题组（2005）认为行政成本应该是行政机构和行政过程所占用、投入、消耗、损失以及损害的全部社会成本。这种观点给予行政成本更为宽泛的内容和更为广阔的视角，也说明行政管理效率的提高不仅仅局限于行政费用的减少，还在于采用更为科学的决策、更为有效的管理方式，以及对未来的合理预期等方面。

根据以上对行政成本概念的梳理，笔者倾向于赞同第二种观点，即行政成本是政府机构在执行其职能时所发生的行政费用及其所带来的社会成本之和。为进一步理清行政成本的概念，有几点说明：①行政成本的发生主体是政府部门。包括中国共产党和民主党派的各级机关，审判、监察各级机关，人大和政协各级机关以及各级行政机关。②行政成本的承担者是纳税人。行政管理的职能主要是公共物品和公共服务的提供，而行政成本的主要来源渠道是国家的财政收入，所以纳税人是主要的负担者。如果以纳税人的满意度为判断行政效率的标准，那么行政成本既要实现有效性，也要体现公平性。即在提供公共事务的前提下，在降低行政成本的同时，也要体现行政成本分摊的公平性。

农业行政成本是农业行政管理部门在管理和解决农业经济和政治问题时所发生的全部成本。农业行政成本的主要发生者是农业管理部门和其他职能部门。农业行政管理成本是农业行政管理部门在管理和解决农业经济和社会、文化问题时所发生的全部成本。农业行政管理成本的主要发生者是农业管理部门和其他职能部门。在我国，农业行政管理单位主要包括两类，一类是行政单位，指具有公务员体制的单位，即农业主管部门（如农业委员会、农业局）及其下设机构；一类是具有事业单位性质，但是执行公共服务职能的单位，如农业推广部门、水利局等。

4.1.2 农业行政管理成本的构成

农业行政管理涉及面广、项目繁多，为了便于研究分析各项成本的范围和特点，弄清它们之间的区别和联系，有针对性地加强成本管理和监督，不断提高资金使用效益，必须对农业行政管理成本的构成进行了解和细分。从不同的角度，我们可以对农业行政管理成本做以下分类：

（1）从经济学角度，可以分为显性成本和隐性成本

显性成本是指计入账内的、看得见的实际支出，例如支付的生产费用、工资费用、市场营销费用等，因而它是有形的成本。一般成本会计计算出来的成本都是显性成本，销售收入减去显性成本以后的余额称为账面利润。从某种角度讲，显性成本反映的是实际应用成本，可以在产品价值中得到反映并具有可直接计算的特点。

在行政管理中，并不是所有的成本都可以计量，还有些成本并没有在账面上反映出来，这些成本在制定决策中加以忽视，但实际上这些成本可以给制度的受众者带来更多的承受成本。这些成本可以表现为以下几个方面：①政府官员寻租费用。特权是产生腐败的根源。寻租行为的存在在使受贿者和施贿者个人受益的同时，却使大多数人受到更多损失，从而带来更多的社会成本。②决策失误成本。这方面的成本是政府决策失误而给社会带来的损失。例如我国在 20 世纪 50 年代的“人民公社”制度。③滥用事业经费的成本。例如把事业经费挪用为办公经费，购买豪华小

汽车、装饰豪华办公室等。⑤冗余执行成本。政府办公拖沓、行政审批烦琐给人们造成的各种机会成本等。在现实中，显性成本往往显示为会计成本，而隐性成本则表现为机会成本，所谓机会成本是没有选择最优决策而给人们带来的损失。

（2）从资金流向上看，可以分为固定成本与可变成本

按照行政支出成本发生的频率，可将行政支出成本相对地划分为可变成本和固定成本。可变行政成本主要用于行政人员的工资、奖金、福利、社保以及政府执行日常职能所需的办公损耗、会议费、招待费以及其他流动资金等。固定成本主要指用于购置政府所需的办公大楼、机器设备、培训中心等固定资产项目。从固定成本和可变成本的角度来分析行政成本，能够了解行政成本变更的原因，从而采取相应的对策。

（3）从制度和组织运营的角度，可以分为行政组织成本、决策成本和执行成本

行政组织成本是指构成农业行政管理部门自身运营所需花费的各种费用的总和。主要包括政府的办公场所、办公设备、政府工作人员的工资。对我国的农业行政部门来说，办公场所及办公设备都属于固定成本，而工作人员工资则属于可变成本。要进行成本控制，可变成本是一个重要的方面。农业行政工作人员的工资主要由工作人员数量与工资水平来决定，这样，对于农业行政成本的控制则应主要从工作人员数量上下工夫。行政决策成本是农业行政管理部门做出最终决策所需耗费的资源成本。作为整个行政管理工作的核心环节，自身无疑需要耗费一定的人力、物力、财力，称之为“行政决策成本”。行政决策成本可作广义和狭义的理解。广义的行政决策成本是指行政主体为实现某一行政管理目标通过决策确定的将要投入的全部人力、物力、财力等资源的总和。狭义的行政决策成本是指决策活动本身的投入，如动用了多少人力开展调查研究、信息资料的收集，开了几次会议，咨询了多少专家，将有关的资料费、咨询费、考察费、会议办公

费加总便是狭义的行政决策成本。行政决策应该是机会成本，因为对于行政决策来说，做一种决策就会丧失另一种决策的机会。行政执行成本是指行政主体在实施行政决策、实现行政决策目标的全过程中耗费的人力、物力和财力的总和。行政执行成本与广义的行政决策成本有着密切联系，能控制在行政决策成本之内便是经济、合理的；如突破行政决策成本即决算突破预算，像非外部原因（如物价上涨）而纯属内部原因便是浪费。在行政执行过程中要力求做到以尽可能少的投入换取预期行政决策目标中的理想产出。

在行政成本的这三种构成中，行政执行成本的控制是最为重要的。行政执行成本构成中除了本身的执行费用外，还应包括行政监督成本。行政监督成本部分属于显性成本，也有很多属于隐性成本，而很多隐形成本是因为腐败的存在。这就需要对农业行政管理制度进行更规范合理的设计。

4.2　农业行政管理成本的定量分析

为反映我国农业行政管理成本的发展态势和现状，笔者运用相关统计指标进行了定量分析。主要数据来源于各年度的《农业统计年鉴》和《财政统计年鉴》，部分数据为调研所得。

4.2.1　核算指标及核算时间说明

根据前面对农业行政管理成本的定义及构成的分析，我们可以发现农业行政管理的成本包含内容多样，而且成本又包括显性成本和隐性成本、实际成本和机会成本。成本的多样性导致了其不可能被全面准确地估算出来，虽然机会成本确实会影响到行政收益和行政效率的实现，但在现实中却难以进行准确的衡量，因此，笔者在进行成本分析时主要还是依据实际发生的成本。由于理论界对于什么是行政管理成本并没有形成统一的概念，因此在实际统计核算时也无法明确行政管理的具体核算范围及反映指标，这为进行相关的统计分析带来了困难，也无法准确地反映我国现在农业行政管理的现状。

在实际行政成本中，行政管理成本还有广义和狭义之分。从组织运营的角度，农业行政成本应该包括组织成本、决策成本和执行成本三部分。因此广义上来讲，农业行政成本是指农业行政管理部门在提供农业公共事务时所发生的一切成本。如果用统计指标解释应该包括国家用于农业的支出、行政管理单位的行政经费以及财政用于农业的补贴支出，还有社会保障费用等几部分。但我国现有统计制度中，对外公开的部分并没有农业行政成本统计项目。在财政统计中，各个构成部分的统计是分列的，而且各个指标并没有按照产业口径加以分类，所以无法根据现有的统计资料进行精确地量化分析。从狭义角度来讲，农业行政成本是指农业行政管理单位的组织成本，包括行政管理事业人员的工资、日常的办公费、固定资产投入等方面，对狭义农业行政成本的分析，可以反映农业行政管理成本的结构，即有多少用于组织运转，有多少用于服务投入。但由于统计资料的限制，我们也无法对这部分进行全面、精确地统计。所以在对农业行政管理成本进行量化时，笔者采用折中的做法。在反映广义的农业行政管理成本时，主要采用国家对农业的支出这个指标，按照财政年鉴的解释，主要包括支援农村生产支出、农林水利气象等部门的事业费、农业基本建设支出、农业科技三项费用以及农村救济费等。同时结合农业增加值指标反映农业行政管理的相对效率。另外，通过财政支出结构的分析也可以反映农业行政管理成本的构成状态。对狭义的农业行政管理成本分析，笔者主要采用农林水汽事业费的指标。按照统计年鉴对指标的解释，农林水气事业费是指国家财政用于农垦、农场、农业、畜牧、农机、林业、森工、水利、水产、气象、乡镇企业的技术推广、良种推广、动植物（畜牧、森林）保护、水质监测、农业资源调查等方面的事业费。另据财农字［1999］227号《农业事业费管理办法》规定，农业事业费是指分别纳入农垦、农业、畜牧、农机、水产、乡镇企业、农业资源调查和区划、其他农林水事业费核算的经费。农业事业费按支出性质分为农业事业单位人员机构经费和农业事业专项经费。农业事业单位人员机构经费是指农业事业单位为维持机构正常运转而开支的费用。农业事业专项经费是指由财政部门安排的用于支持农业事业发展以及为发展农业事业提供保护和服务的具有专门用途的经费。主要分为：①农业科技推广经费。主要指用于各种农业新技术、新品种的引进、试验、示范、繁育，成果转化、推广和培训等的技术推广费；农科教结合协调发展经费；高产、优质、高效农业等补助经费。②农业保护经费。主要指各类野生及水生动植物保护、种子资源保存利用、农业生态环境保护和建设、农村能源综合利用、渔业安全救助、救灾防灾、灾后恢复生产补贴、动植物病虫害及畜禽疫病监测防治等经费。③监督管理经费。主要指农业执法、行业标准制定、质量鉴定监督、防疫检查监督、乡镇企业管理、渔政渔港监督管理、农业信息、农业统计、农产品成本及物价调查、农业资源调查和区划等经费。④其他专项经费。指上述三项未包括的专项经费。在具体进行事业费核算时，事业费主要包括人员支出、公用支出和对个人和家庭的补助支出几部分。人员支出包括事业单位人员的工资、津贴和资金等支出；公共支出反映办公费、交通费、差旅费和印刷费、设备购置费等公务支出；而对个人和家庭的补助支出则涵盖了离退休费、社会保障等方面的内容。农业事业费虽然没有考虑到农业行政机关的管理费用，但是基本能够反映我国农业行政管理机构的组织运营成本。

另外，在进行核算时，需要说明一下指标依据的时间范围是为1985—2006年。主要原因是在2007年我国实行了政府收支分类改革，实行这项改革后，国家财政用于农业、教育、科学研究、抚恤和社会福利、政策性补贴等方面的支出口径重新研究设计，从而按新的政府收支分类科目反映国家、中央、地方财政相关功能支出数据。在2007年统计年鉴中并没有列出财政支农相关数据。2006年前后的指标不具有可比性，因此，我们主要采用之前的时间段进行分析。

4.2.2 农业行政管理成本的趋势分析

在对趋势分析中，笔者主要是从两个角度加以反映。首先，从广义农业行政管理成本的角度分析财政支农的数量变化，同时结合农业GDP反映农业行政管理成本的相对变动趋势。其次从狭义农业行政管理成本的角度，分析农业事业费的变化情况。

(1) 广义农业行政管理成本趋势分析

广义农业行政管理成本变化的趋势可以从表4-1和图4-1中加以反映。

表4-1 财政支农及其占国家财政支出的比重

年份	财政支农支出（亿元）	国家财政支出（亿元）	财政支农支出（实际）（亿元）	国家财政支出（实际）（亿元）	财政支农支出/国家财政支出（%）
1985	153.62	2 004.25	153.62	2 004.25	8
1986	184.2	2 204.91	172.96	2 070.34	8
1987	195.72	2 262.18	171.27	1 979.60	9
1988	214.07	2 491.21	157.68	1 835.04	9
1989	265.94	2 823.78	166.01	1 762.72	9
1990	307.84	3 083.59	186.39	1 867.03	10
1991	347.57	3 386.62	203.52	1 983.08	10
1992	376.02	3 470.2	206.94	1 909.79	11
1993	440.45	4 642.3	211.33	2 227.42	9
1994	532.98	5 792.62	206.07	2 239.60	9
1995	574.93	6 823.72	189.83	2 253.00	8
1996	700.43	7 937.55	213.54	2 419.90	9

（续）

年份	财政支农支出（亿元）	国家财政支出（亿元）	财政支农支出（实际）（亿元）	国家财政支出（实际）（亿元）	财政支农支出/国家财政支出（%）
1997	766.39	9 233.56	227.28	2 738.34	8
1998	1 154.76	10 798.18	345.22	3 228.17	11
1999	1 085.76	13 187.67	329.20	3 998.50	8
2000	1 231.54	15 886.5	371.92	4 797.60	8
2001	1 456.73	18 902.58	436.86	5 668.75	8
2002	1 580.76	22 053.15	477.88	6 666.91	7
2003	1 754.45	24 649.95	524.10	7 363.59	7
2004	2 337.63	28 486.89	672.10	8 190.37	8
2005	2 450.31	33 930.28	692.04	9 582.92	7
2006	3 172.97	40 422.73	882.90	11 247.86	8

注：实际数据按 1985 年为基期进行了平减处理。

资料来源：2007 年统计年鉴。

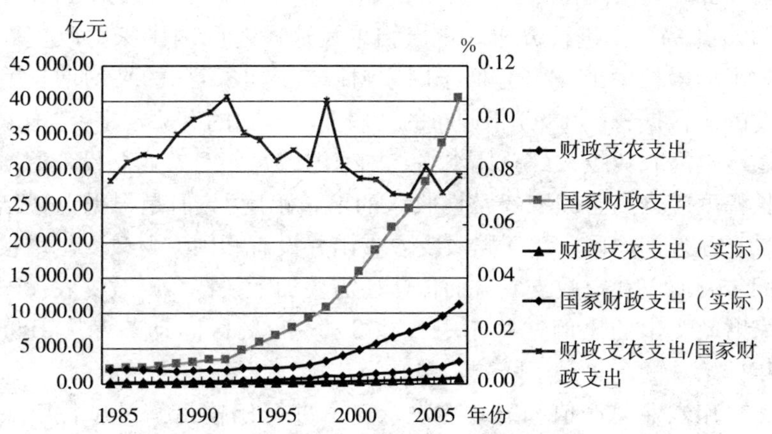

图 4－1　我国农业财政支农支出及占财政总支出的比例

从图 4－1 中可以看出，除个别年份外，财政支农支出总体上从 1985—2006 年呈上涨趋势。名义财政支农支出从 1985 年的 153.62 亿元上涨到 2006 年的 3 172.97 亿元，2006 年是 1985 年的 20.65 倍。从时期数据来看，“十五”期间财政支农总量为 9 579.88亿元，“九五”期间为 4 938.88 亿元，“八五”期间为 2 271.95亿元，“七五”期间为 1 167.77 亿元，“十五”期间总量是“九五”期间的 1.94 倍，是“八五”期间的 4.2 倍，是“七五”期间的 8.2 倍。这说明财政支农支出无论在时期还是在时点上都呈现出上升趋势，尤其是最近一段时间以来，财政支农总量增加较多。但结合国家财政支出总量，从图 4－1 中可以看到，无论是从实际量还是名义量来看，国家的财政支出增长趋势大后期都大于财政支农增长趋势，从名义量来看更为明显。从名义量上来看，在 1985—2006 年，财政支农支出的平均增长率为 15.5%，而同期的国家财政支农支出的平均增长率为 15.4%，财政支农支出的平均增长率略低于国家财政支农的平均增长率。但是对国家财政支出数据进行分析发现，在 1993 年国家大幅度地增加了财政支出（由于分税制的影响），所以我们再对 1993—2006 年的数据进行分析，得出结果是这段时间内国家财政支农的平均增长率 16.4%是低于国家财政支出 18.1%的平均增长速度的。根据我国 1993 年颁布的《农业法》中的有关规定：“国家逐步提高农业投入的总体水平，国家财政每年对农业总投入的增长幅度应当高于国家经常性收入的增长幅度”。但是根据上述结果，在近期内国家用于财政支农支出并没有和国家财政支出增长同步，所以在财政支农方面依然还需要加大扶持。财政支农占国家财政支出的比例这些年一直在 8%～11%区间动荡，从 1998 年开始总的趋势是下降的，基本为［7%，8%］。

用农业总产值和财政支农总支出进行比较是衡量单位财政支出所带来的农业总产值，可以反映农业行政管理的相对效率。从表 4－2 和图 4－2 可以看出，农业行政管理的相对效率其趋势一直是下降的，1985 年单位财政支农能创造 23.56 元的农业总产值，而在 2006 年这个数值下降到 12.86 元。虽然从总体来看，单位财政支农创造的产值个别年份有波动，但从 1999 年开始，单位财政支农所创造的总产值所带来的收益一直是持续下降的。从以上数据可以得出结论，我国财政支农的总体效率是下降的。

表 4-2　财政支农的相对效率

年份	财政支农支出（亿元）	农业总产值（亿元）	财政支农支出/农业总产值
1985	153.62	3 619.50	23.56
1986	184.2	4 013.01	21.79
1987	195.72	4 675.70	23.89
1988	214.07	5 865.27	27.40
1989	265.94	6 534.70	24.57
1990	307.84	7 662.10	24.89
1991	347.57	8 157.00	23.47
1992	376.02	9 084.70	24.16
1993	440.45	10 995.50	24.96
1994	532.98	15 750.50	29.55
1995	574.93	20 340.90	35.38
1996	700.43	22 353.70	31.91
1997	766.39	23 788.40	31.04
1998	1 154.76	24 519.10	21.23
1999	1 085.76	24 541.90	22.60
2000	1 231.54	24 915.80	20.23
2001	1 456.73	26 179.60	17.97
2002	1 580.76	27 390.80	17.33
2003	1 754.45	29 691.80	16.92

（续）

年份	财政支农支出（亿元）	农业总产值（亿元）	财政支农支出/农业总产值
2004	2 337.63	36 238.99	15.50
2005	2 450.31	39 450.89	16.10
2006	3 172.97	40 810.83	12.86

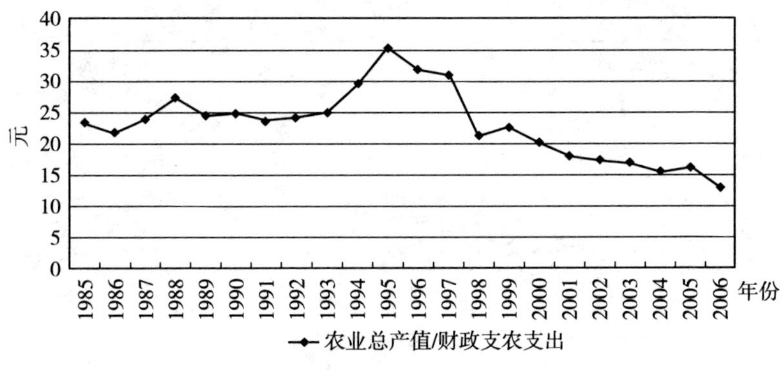

图 4-2　财政支出的相对效率趋势

（2）狭义的农业行政管理成本分析

在国家财政用于农业的各项支出中，主要的支出是用于农村生产支出和农林水利气象等部门的事业费支出（表 4-3）。1985—2006 年，除 1998 年外，其他年份支援农村生产支出和事业费总额占财政支农总支出都在 60%以上，最高到 74.99%（1994 年）。农业事业费总额从 1999—2006 年一直是呈增长趋势的，从 1999 年的 395.39 亿元增加到 2006 年的 1 956.85 亿元，增长了 3.9 倍，年平均增长 25.67%。在支援农村生产支出和事业费总额构成中，事业费支出是主要支出部分，1999—2006 年各年的支出都在 58%以上，并且呈逐年增加的趋势，这从图 4-3 和表 4-3 中可以看出。而且，近几年农业事业费的支出更占到绝对比例，2003—2006 年分别占到 86.28%、90.22%、89.68%、90.37%。农业事业费过高会减少财政用于农业的生产支出和公共服务支出，从而影响政府行政管理绩效。

表 4-3　行政行政管理成本及其构成分析

单位：亿元，%

年份	财政支农支出①	支援农村生产支出和事业费②	农业事业费③	②/①	③/②
1985	153.62	101.04		65.77	
1986	184.2	124.3		67.48	
1987	195.72	134.16		68.55	
1988	214.07	158.74		74.15	
1989	265.94	197.12		74.12	
1990	307.84	221.76		72.04	
1991	347.57	243.55		70.07	
1992	376.02	269.04		71.55	
1993	440.45	323.42		73.43	
1994	532.98	399.7		74.99	
1995	574.93	430.22		74.83	
1996	700.43	510.07		72.82	
1997	766.39	560.77		73.17	
1998	1 154.76	626.02		54.21	
1999	1 085.76	677.46	395.39	62.40	58.36
2000	1 231.54	766.89	426.51	62.27	55.62
2001	1 456.73	917.96	536.24	63.02	58.42
2002	1 580.76	1 102.7	692.67	69.76	62.82
2003	1 754.45	1 134.86	979.18	64.68	86.28
2004	2 337.63	1 693.79	1 528.09	72.46	90.22
2005	2 450.31	1 792.4	1 607.47	73.15	89.68
2006	3 172.97	2 165.35	1 956.85	68.24	90.37

资料来源：农业统计年鉴和各年的财政统计年鉴。

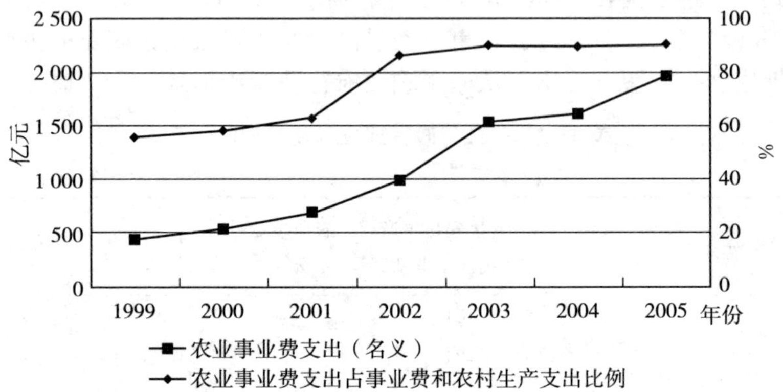

图 4-3　农业事业费趋势和占事业费和农村生产支出比例

资料来源：中国各年度财政统计年鉴。

4.3　农业行政管理成本存在的问题及措施探讨

成本和支出构成农业行政管理绩效的两个重要因素，分析农业行政管理成本存在的问题，对于提高行政管理效率，明确改革方向具有重要的参考价值。

4.3.1　农业行政管理成本管理存在的问题

（1）农业行政管理成本总量偏高

尽管由于现有制度原因，我们无法对实际的行政管理费用做出精确地计量，但是利用财政支农效率和农业行政事业费总量两个指标同样可以反映相同的问题。1985—2006 年，尽管财政支农总量在不断增长，但是单位财政支农资金所带来的农业总产值却呈下降趋势。同时，从农业事业费总量来看，农业事业费增长速度较快。1993—2006 年，农业事业费的增长率年平均增长 25.6%，而对应的财政支农支出年平均增长率为 15.5%，农业增加值为 12.2%。农业事业费主要用于人员的工资和奖金、办公费用支出等，这部分是纯粹的费用支出，属于沉没成本，并不创造直接的收益。如果想提高行政管理效率的话，那么以精简高效为原则，应该把事业费的增长控制在一定比例之内。

（2）农业行政管理成本结构不合理

行政成本投入分布不均衡，农业投入直接用于生产的支出比例不断下降，用于各项农业事业费支出的比例不断上升。2006年，用于农业事业费支出是用于生产性支出的9.38倍，事业费支出过多挤占了农村生产支出投入。除了生产性支出投入较少之外，政府在基础设施建设、农业科技服务、救济等方面的公共产品和公共服务支出也被挤占，从而使大量的本来由政府提供公共物品只能由其他非政府组织承担。总之，事业费过高，财政支农结构不合理，这是政府财政支出效率低下的主要原因。

（3）农业行政成本管理不规范

农业行政成本过高和结构不合理背后反映的是农业行政管理制度的深层次原因，反映了我国在进行农业行政管理的意识形态和绩效考评方式的弊端。我国现在的绩效评价体系是以量出为依据，并不考虑成本的支出。在对地方政府的考评上往往注重数字增长，强调GDP的增加，注重表象效应。这种绩效考评观念也影响到部门管理的方式和理念，许多官员把有限的管理资金投入到能够在短期内产生显性效益的项目上，大搞“形象工程”以作为官员将来的升迁资本，从而减少了公共产品的投入。在对行政成本的管理方面，沿袭着计划经济时代行政管理的方式，注重支出的规模和事后的财务检查，但不重视财政支出的过程管理和绩效评估。在具体的管理方式上，实行总量控制，而对于如何花费则没有具体的考核要求或者规定，职务消费的范围、科目、数额、审批程序、审计监督、处罚措施等也没有做明确说明，所以乡镇机关的会务费、接待费、车辆管理费、电话费等公务行为的花费随意性大，造成不少的隐形行政成本[①]。在对农业行政成本的监督方面，缺乏有效的监督机制。这是因为我国农业管理部门的财务支出数据和项目不公开、不透明，公众无从考量和监督政府的行政成本，所以怎么花、如何花只由政府管理部门自己说了算，从而，公众的潜在约束力量得不到施展。

（4）农业行政成本管理制度建设不健全

首先表现在政府对于农业行政管理部门的行政管理支出并没有形成法律化和制度化的约束手段。发达国家如美国、英国、日本在政府的财政支农支出上，农业管理部门的费用支出都有严格的财政预算和结算制度，并运用立法途径加以约束和实施。如美国，农业部门要编制农业发展战略规划，根据规划确定每年的预算资金和用途，并在年末对农业各个项目的实际花费撰写财务绩效报告，相关的数据可以在美国政府农业部网站查到。这样有利于群众的监督，但我国却尚未建立这样的制度。没有约束就会存在滥用的现象。

（5）农业行政成本统计缺乏统一的口径

我国的农业行政管理成本统计方面也存在着不足。由于目前对于行政成本还没有形成一个统一或权威的概念，这也造成了在财政统计中行政成本统计的困难。2007 年以前，行政成本是具体包括人大、政协、政府机关、党派和社会团体、公检法司机构的基本运转经费和不含基本建设类的项目经费，以及各部门用于驻外机构、国际组织会费、出国费、招待费等外交外事支出。2007 年以后行政成本是指行政单位发挥行政管理职能开支的基本支出和项目支出。从理论上讲，无论是之前还是之后对于行政成本的统计都存在问题，前者的范围过宽，不但包括行政部门还包括公检法部门；后者的范围过窄，事业部门的费用支出也是发挥行政管理职能的必要费用支出，但是却没有加以统计。此外，

① 冯妍．乡镇政府行政成本合理化研究．华东师范大学硕士论文（2009）。

在公开的财政统计年鉴中，主要是按中央和地方（省）的口径进行统计，而没有按部门和行业进行统计，无法反映产业的财政运营情况。另外在具体的项目分类上，还沿用原来的以生产为基础的分类方式，其他的服务项目都是按与生产的相关程度进行划分的。实际上，政府除了提供生产服务外，还有生活方面的公共服务支出，这些支出都应该加以反映，这样才能够反映出政府在提供公共服务的真实情况。

4.3.2　加强农业行政成本管理的措施

（1）加强农业行政成本管理的制度建设

首先，更新政府管理理念。使政府从过去的管理型转变到服务型。建立科学的绩效考评体系，更新过去那种强调量出，而不考虑量入的考评方式。除了总量控制外，还要对过程进行绩效管理。其次，要实行行政管理信息的公开化和透明化。凡是需要公众知晓、执行的政策、决定都要公开；在制定和执行中应当多听取公众的意见。政府定期向公众公开财政支出情况，加强群众监督。再次，还要加强法制化建设，把财政的预、决算制度作为一种法律制度确定下来，使它能够得以稳定地实施。最后，还要完善统计制度，使统计信息能够真实地反映行政成本的真实状况，这样也有利于监督措施的顺利实施。

（2）变革农业行政组织结构

行政机构设置以及人员编制是控制行政成本规模的必然途径。在科学论证基础上，制定总体性设计方案和具体方案，确定全国政府机构层次和各级政府机构内部层次，确定必设机构及其限额，下大力气对政府机构进行“减肥”和“瘦身”，实现“扁平化”。在我国行政体制下努力形成集权和分权适度的，逐级分权相结合的，纵向贯通、横向联结、程序简明、权责适当的现代行政组织结构模式，以理顺行政机构职能、权限和责任之间的关系，确保发挥各自的主动性、积极性和灵活性，并确保它们都能受到相应的责任约束。要建立起上下联动、左右配合的责任体系。上对下负责就是要防止政出多门、相互扯皮；下对上负责，就是要做到令行禁止、政令畅通；左右配合，就是要相互沟通、相互补台，以避免结构摩擦造成的资源流失。并通过提高行政人员自身素质、有机整合整体力量、凝聚行政过程科技含量以及优化资源要素，降低成本的消耗。

（3）推进电子政务和政务公开

电子政务使行政管理部门通过互联网实现了政府在政治、经济、社会、生活等诸多领域的管理与服务职能，并形成一种跨越时间和空间的复合经济效应，从而使整个政府的运作效率达到最优，运营成本降到最低。随着电子政务的实行，政府职能将从以管理为主转向以服务为主，并使政府服务更为快捷、更为方便、更为畅通、更为直接、更为公平，具有更高的附加值。它将使现行的政府组织结构与运作机制产生深刻的变化，改变传统的层级化的公共组织的架构，减少政府管理层次，增进政府的决策科学性和公共政策的品质，极大提高政府的管理绩效，并有效地节约行政成本。另外，电子政务将通过政务信息的公开化来推进政务工作的“公开、公正、公平”的推行，使政务工作更加透明，促进廉政与勤政，大大减少寻租活动、腐败行为发生的机会。

4.4 农业行政管理的绩效分析

可以从两个角度对农业行政管理的绩效加以衡量，一是直接绩效，这可以从行政管理成本过程加以衡量，所用的指标是行政成本的大小；二是间接绩效，主要是从行政管理所要达到的效果加以衡量。由于行政管理的实施主要是通过各项农业政策加以实施的，所以农业行政管理的间接绩效主要衡量的是农业政策的实际实施效果。本章的绩效分析主要是从间接绩效的角度来进行。

从 1978 年十一届三中全会以来，随着农村改革的不断深入，农业总体实力和农村人均收入得到较大提升。农业政策的演变逐渐趋向科学化、市场化导向，并注重结构和总量的综合发展，农村经济领域的制度创新使农业生产力得到极大地释放。家庭联产承包制、产业化、合作社以及规模经营等经营制度创新使农业供给水平得到较大的提高。特别是在2002年党的十六大确立建设“全面小康”和“统筹城乡发展”的战略目标。2003年10月召开的中国共产党十六届三中全会提出“科学发展观”战略指导思想之后，农村经济发展更是实现了质的飞跃。

4.4.1 农业综合实力和人均收入得到较快增长

改革开放以来，粮食总产量和农林牧渔业得到较快增长。从粮食总产量的发展趋势来看，1978—2010年粮食产量总是有小幅波动，历史上有10个年份产量增长是低于上年的，最近的是2003年。1996年、1998年、1999年、20007—2010年粮食产量超过5亿吨，但前面几年都是时点数据，并有长期保持的趋势(图4-4)。但是在2004年以后，我国粮食总产量连续七年呈现增长趋势，并保持粮食自给率在95%以上，这为我国应对国际粮食危机奠定了坚实的物质基础。从农林牧渔业总产值上也可以看到相同的趋势。2003年以后，农林牧渔业有了较快的增长，年平均增长14.3%，超过总体13.7%的年均增长速度。这些成果得益于2004年之后以工补农和以工建农、城乡反哺政策的实施。通过对农村转移支付和财政支农投入的加大，以及“四补一减”政策的实施，农民生产积极性提高，农业综合实力也得到提升。从农民收入和消费水平的发展趋势中可以看出最近一段时间内呈较快上涨趋势（图4-5），2003—2010年，农民人均纯收入年平均增长471元，农村居民消费水平年平均增长326元，远高于1978—2010年所对应的年均增加长181元、133元的水平。说明近些年来人们的生活水平和消费水平也得到了很大程度地提高。

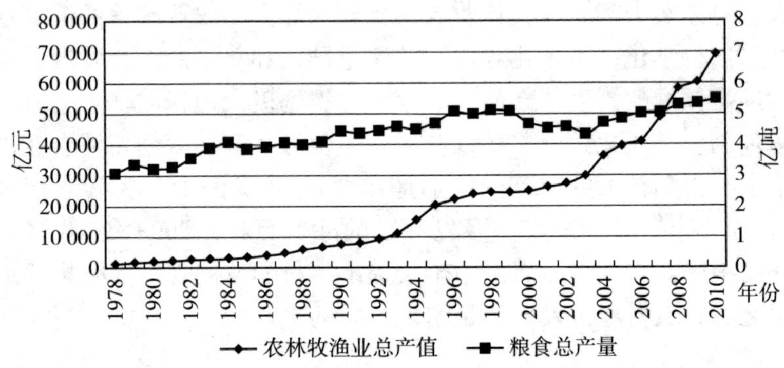

图 4-4　1978—2008 年我国农林牧渔业总产值和粮食总产量

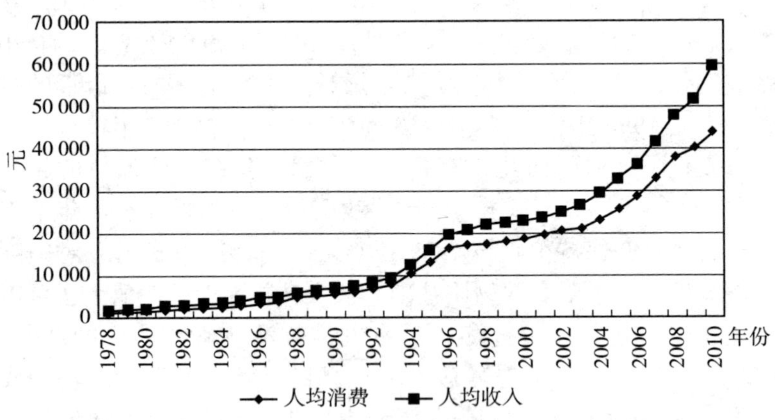

图 4-5　1978—2007 年农民人均收入和人均消费情况

4.4.2　公共产品提供得到加强

近些年来，随着政府城乡统筹的不断深入，公共保障实施力度和范围进一步加大。“十一五”期间，普及城乡的社会保障体系基本建立。农村社会保障体系覆盖了义务教育、新型合作医疗、农村医疗救治制度和最低生活保障制度等多个方面（表 4-4）。2010 年，2 678 个县（市、区）开展了新型农村合作医疗工作，新型农村合作医疗参合率达到96.3%。“十一五”期间新型农村社会养老保险试点覆盖24%的县。根据中国统计年鉴上提供的数据，2009年我国农村参加养老保险的人数为7 277.3万人，领取养老金人数为1 335.2万人，分别占到我国农村总人口数的10.21%和1.87%。“十二五”期间政府的调控重点由“强国”转向“惠民”，农村社会保障的目标是城乡基本养老、基本医疗保障制度实现全覆盖，提高并稳定城乡三项基本医疗保险参保率。这将进一步促进农村社会保障体系的完善。

表4-4　我国新型农村社会保障制度

项目	实施时间	政策目标	政策内容
农村义务教育	2003年“两免一补” 2006年“农村义务教育经费保障机制”	按照“明确各级责任、中央地方共担、加大财政投入、提高保障水平、分步组织实施”的基本原则，逐步将农村义务教育全面纳入公共财政保障范围	全部免除农村义务教育阶段学生学杂费，对贫困家庭学生免费提供教科书并补助寄宿生生活费。提高农村义务教育阶段中小学公用经费保障水平。建立中小学校舍维修长效机制及保障农村老师工资等
新型合作医疗制度	2005年	以大病统筹为主的农民医疗互助共济制度。减轻农民因疾病带来的经济负担，提高农民健康水平。到2010年，实现在全国建立基本覆盖农村居民的新型农村合作医疗制度的目标	新型农村合作医疗制度是由政府组织、引导、支持，农民自愿参加，个人、集体和政府多方筹资。从2010年开始，我国将用一到两年的时间将新农合筹资水平提高到每人每年150元。农民个人缴费由每人每年20元增加到30元

（续）

项目	实施时间	政策目标	政策内容
新型养老保险制度	2009 年	探索建立个人缴费、集体补助、政府补贴相结合的新农保制度，实行社会统筹与个人账户相结合，与家庭养老、土地保障、社会救助等其他社会保障政策措施相配套，保障农村居民老年基本生活。2009 年试点覆盖面为全国 10%的县（市、区、旗），以后逐步扩大试点，在全国普遍实施，2020 年之前基本实现对农村适龄居民的全覆盖	新养老保险资金采取个人缴费、集体补助和政府补贴相结合。已年满 60 周岁、未享受城镇职工基本养老保险待遇的，不用缴费，可以按月领取基础养老金，但其符合参保条件的子女应当参保缴费。60 周岁以上的老人每人每月领取养老金不低于 55 元。多缴多得

近些年来，公共服务和公共产品的提供得到改善。首先表现为农业基础设施加快建设步伐。截至 2008 年年底，90.1%的东部和 79.8%和中部建制村通上了沥青水泥路，81.2%的西部建制村通上公路。61 万多个行政村 87%以上通了公交车。“十一五”期间共完成 7 356 座大中型和重点小型水库除险加固，解决了 2.15 亿农村人口饮水安全问题。农村的文化建设也取得丰硕成果。“十一五”期间，国家通过转移支付 39.48 亿元，新建和扩建了 2.67 万个乡镇综合文化站。广播电视村村通工程从 1998 年开始启动，至 2008 年共投入资金近百亿元，完成了 11.7 万个已通电行政村和 10 万个 50 户以上已通电自然村的建设，解决了上亿农民收听收看广播电视难的问题。2002—2003 年，国家分别启动了全国文化信息资源共享工程和送书下乡活动，农村的文化服务体系建设得到得到进一步加强。

4.4.3　农业市场化改革不断深入

农业行政管理体制改革的重点之一是确立政府与市场的定位，市场能解决的事情由市场解决，政府的职能在于协调、培育和引导，其目的在于培育使资源能够得到优化配置的良好环境。改革开放以来，农产品市场化进程正在逐步推开。过去行政为主的购销方式已经逐步由市场运作所替代。1992 年中央将定购粮价提高 20%的同时，将城镇销售价再提高 43%，实现了购销同价。1993 年以后，我国逐渐放开了粮食市场，粮食价格开始由市场供求关系决定，全国宣布放开粮价的县市已超过了总数的 95%，粮食统销制度彻底解体。2001 年，国务院发布了《关于进一步深化粮食流通体制改革的意见》，决定完全放开主销区粮食购销，粮食价格由市场调节。2004 年，国务院发布了《关于进一步深化粮食流通体制改革的意见》，决定全面放开粮食收购市场，粮食收购价格由市场供求形成。至此，除烟叶、蚕茧外，我国农产品价格全部放开，市场机制的调节进一步加强。为防止粮食的市场风险和价格波动，我国还建立了粮食保护价制度、粮食专项储备制度、粮食和部分农产品的专项基金等，这些都表明我国农产品流通体制改革市场化尝试逐步提高。农产品生产资料改革虽然相对较慢，但是也取得了较快进展。我国传统的农用生产资料定价是由国家行政控制的，计划内农业生产资料要严格执行国家定价，计划外化肥、农药、农膜和农用柴油等实行最高限价。在销售渠道上也实行“一主两辅”的范围限制。但是 20 世纪 90 年代以后供求关系改善后，农资流通的市场化进程加快，国家对化肥流通的管理由直接计划管理为主改为间接管理，同时取消国产化肥指令性生产计划和统购收购计划，由化肥生产和经营企业自主进行购销活动。化肥出厂价格由国家定价改为政府指导价，放开化肥零售价格。2009 年国家又取消了对化肥经营企业所有制性质的限制，允许具备条件的各种所有制及组织类型的企业、农民专业合作社和个体工商户等市场主体进入化肥流通领域，参与经营，公平竞争。目前，中国各地农资经营基本形成了以个体经营为基础，以供销社农资公司、农业技术服务部门为主体，以其他多种形式农资经销单位为补充的市场格局。

通过以上的分析我们可以看出，在农业行政管理方式和管理手段改革的同时，随着农村改革的进一步深入，农村经济和农业发展已经取得了较大的进展。但是在取得成绩的同时也应该看到，由于我国的农业行政管理方式和理念是脱胎于计划经济时代下的管理方式，因此在实际管理中还存在着时代的烙印，比如在实际的管理中行政色彩较浓、缺乏依法行政和行政执法的观念、管理组织结构僵化等。这些如果不加以改变，必将成为农业经济发展的阻力。同时也应该看到，在传统“二元经济”发展模式的影响下，我国经济中还存在着深层次的矛盾。首要矛盾就是城乡经济发展不平衡，城乡收入差距进一步扩大（图 4－6）。我国城镇可支配收入和农村人均纯收入的比值 1978 年为 2.48∶1，这些年来一直呈扩大趋势，从 2003 年开始一直都在 4∶1 以上。城乡收入的逐步扩大不利于国内经济稳定和经济结构的协调，农村消费提升较慢也不利于经济持续发展，当然也不利于政治的稳定。其次，城市和农村在公共产品供给上也存在着资源分配不平衡的现象。在教育、医疗和养老保险等方面农村都低于城市水平，虽然农村人口占我国人口的多数，但在公共财政投入方面农村要比城市少得多。例如，2007 年，农村初中学校的危房率高达 2.9％，大大高于城市的 0.59％：农村初中和小学的生均仪器设备仅分别为 375 元和 238 元，比城市分别低 341 元和 428 元。在文化事业投入方面，2007 年各级财政用于公共文化事业的投入，投在城市的占 72％，投在农村的仅占 28％。

这些深层次的矛盾是历史形成的，是发展中国家在实现经济增长和城市化进程中经常出现的问题，它会随着我国经济体制和政治体制改革而加以消除，但这是一个长期的过程。值得重视的

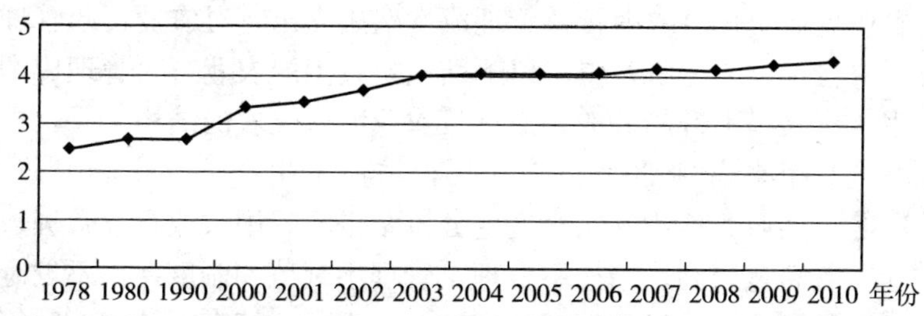

图 4-6　城乡收入对比情况

资料来源：中国统计年鉴 2009 及国家统计局数据。

是我国政府已经意识到经济发展中存在的问题，提出了“包容性增长”的理念，即实现经济、社会、环境的协调发展，其中城乡统筹发展是科学发展观指导思想下重要的战略部署。2011 年的政府工作报告指出，财政支出重点向农业农村倾斜，确保用于农业农村的总量、增量均有提高；预算内固定资产投资重点用于农业农村基础设施建设，确保总量和比重进一步提高；在全国普遍建立健全乡镇或区域性农业技术推广、动植物疫病防控、农产品质量监管等公共服务机构。财政支出真正向农村倾斜，不仅表现在增量也表现为总量方面。相信在政府的重视下，我国农村经济和人民生活将会呈现一个新的局面。

4.5　本章小结

收益和成本构成了农业行政管理体制效率评价的重要内容。本章笔者对农业行政管理成本和实现绩效分别进行了分析。对农业行政管理成本从广义和狭义两方面进行了统计分析。从广义的行政管理成本进行分析得出以下结论：我国的财政支农支出从总量上一直是呈上升趋势的，但低于国家总体财政支出的平均上涨幅度；结合农业总产值指标进行农业行政管理成本的相对效率分析得出我国单位财政支农所带来的总产值一直是呈下降趋势的。

用农业事业费代替农业行政管理成本费用支出，对农业行政管理成本进行了狭义分析，得出以下结论：我国的农业行政管理成本费用一直是呈上升趋势的，而且从农业财政支农的结构上看，事业费近些年来占到80%以上比例，挤占了生产性支出和科研、推广等公共服务费用。结合定量分析结果，我国农业行政管理成本存在着总量过高、结构不合理、管理不规范和制度建设不健全等问题是影响农业行政管理效率的主要方面。笔者还从农业政策实施效果的角度对农业行政管理的效率进行了分析，其绩效表现为：农业综合实力和人民收入得到提高，公共产品提供加强以及农村改革的市场化程度不断深入等。在肯定农村改革取得的成效的同时，也应注意到由于我国“二元经济”体制下所产生的深层次的问题和矛盾，如农业行政管理理念还残留着计划经济时代下的行政色彩、缺乏法律意识，城乡之间的发展不和谐等。这些问题可能不会在短时间内得到消除，但会随着政府经济体制和政治体制改革的逐步深入而得到缓解。

第五章　我国农业行政管理效率分析

——以黑龙江省为例

5.1　我国农业行政管理效率的理论范畴

政府绩效评估在20世纪80年代受到极大的重视和青睐。这一时期绩效评估应用最持久、最广泛，技术上比较成熟的当属英国。1979年，撒切尔任命雷纳勋爵任其顾问，并推行改革，开展了著名的“雷纳评审”。1982年，撒切尔政府公布了著名的“财务管理新方案”，要求政府的各个部门树立浓厚的“绩效意识”。进入20世纪90年代，行政效率关注的焦点逐渐向注重质量和效益转变。这一时期绩效评估在西方各国被普遍接受，其过程也更加规范化、系统化，其评估方法逐步呈现由定性转向定性与定量相结合，并注重计量方法和科学模型的引用，评估侧重点是公共服务的质量和效益（张再生，2006）。

对公共行政效率研究，可以分为机械效率、社会效率和后社会效率三个发展阶段。传统公共行政学的特征是相信行政实践是一个技术问题，其关键在于执行中的工作效率。只关心技术问题和科学问题，因此只注重根据数量层面看待公共行政的效率问题。以弗雷德里克森为代表的公共行政学者提出了社会效率观点，主张公共行政重视社会效率。这种观点以社会价值为目标，主张效率必须与公共利益、个人价值、平等自由等价值目标结合起来。20世纪80年代，由于新公共管理和政府再造运动的推行，使行政效率迈入“后效率时代”。后社会效率追求公共服务的高效率、高效益和高质量，把行政目标和行政价值的实现程度作为测量标准，要求效果、目标和价值统一。相对于新公共行政学它强调的社会效率更具有规范性、客观性、现实性和可操作性（陈晓成，但红敏，2004）。相对于传统的行政效率，它强调效益、质量和责任三者合一，更符合现代社会人文价值观的取向，因此得到大力推行。

在我国，随着政府目标责任制的推行，政府绩效评估问题开始引起了理论界和实践界的重视。由于起步较晚，政府绩效评估的发展还处于起步阶段。进入21世纪后，日益臃肿和效率低下的行政管理机构已使经济改革举步维艰。为此，2005年10月《中共中央关于制定“十一五”规划的建议》提出：“着力推进行政管理体制改革。加快政府行政管理体制改革，是全面实行改革和提高对外开放水平的关键”。2008年2月27日，中国共产党第十七届中央委员会第二次全体会议通过《关于深化行政管理体制改革的意见》和《国务院机构改革方案》，指出了深化行政管理体制改革的必要性和急迫性。现有行政管理体制虽然只在其他领域展开，在农业行政管理领域尚未深入，但是在建设现代农业的时代背景下，我国农业行政管理体制的改革也将起步。影响我国公共部门和政府行政效率的因素有多种，本书将重点从公共部门人力资源管理领域和视角开展提高行政效率的研究。

关于行政效率的测量方法，在学术界并没有形成定识。行政管理学把行政效率测算方法做了总结，主要包括以下几种：①传统方法。包括从主观经验出发的直接测算法、泰罗的科学管理效率测算法、资源投入进度监测法（即根据资源投入是否按照财务规定和确定的时间表来进行行政组织的工作）。②功能分析法。行政组织都应该具有一定的功能，功能分析法就是通过功能分类和事先规定投入标准，比较分析功能发挥的高低。首先要规定每种行政功能的主要和次要目标，每个项目又可以分为必须达到的标准和理想的标准，分别确定最低限和最高限，同时确定主要目标和次要目标之间所占分数的比例，按照实际情况计算每种行政功能实际的得分数，用来比较行政效率的高低。③要素分析法。要素分析法是对影响行政工作结果的人力、物力、经费、机构、制度、方法等投入要素与结果要素转换率的分析，通过综合评价，以区分效率的高低和功能发挥的程度。④行政费用测量法。该方法是以行政费用的支出及使用是否合理恰当，是否产生最大效益，对行政目标的作用程度如何等来测定评价行政效率。包括单位费用测量法、人均费用测算法和计价费用法等。⑤产出评估法。产出评估实质上是对行政管理和公共服务活动效果的评价过程。⑥工作荷载分析法。工作荷载分析法实际上是一种比较方法，通过不同单位在工作荷载和结果方面的横向比较来确定各个单位的效率水平。这种效率测定方法的运用需要满足两个条件；一是所涉及的单位从事同样的或十分相似的工作；二是工作性质属于量的处理工作，容易进行量化比较衡量。本研究采用的是DEA分析方法。

5.2　分析方法

5.2.1　评价方法的引入

从工程学角度看，衡量组织的生产力和衡量系统的效率相似。它可以表述为产出和投入的比率。例如，在评估一个银行支行的运营效率时，可以用一个会计比率，如每笔出纳交易的成本。相对于其他支行，一个支行的比率较高，则可以认为其效率较低。目前，开发出一种技术，通过明确地考虑多种投入（即资源）的运用和多种产出（即服务）的产生，能够用来比较提供相似服务的多个服务单位之间的效率，这项技术被称为数据包络分析（DEA）。它避开了计算每项服务的标准成本，因为它可以把多种投入和多种产出转化为效率比率的分子和分母，而不需要转换成相同的货币单位。因此，用 DEA 衡量效率可以清晰地说明投入和产出的组合。DEA 是一个线性规划模型，表示为产出对投入的比率。通过对一个特定单位的效率和一组提供相同服务的类似单位的绩效的比较，试图使服务单位的效率最大化。在这个过程中，获得 100%效率的一些单位被称为相对有效率单位，而另外的效率评分低于 100%的单位被称为无效率单位。这样，企业管理者就能运用 DEA 来比较一组服务单位，识别相对无效率单位，衡量无效率的严重性，并通过对无效率和有效率单位的比较，发现降低无效率的方法。DEA 线性规划模型建立如下：

（1）定义变量

设 E_k（$k=1, 2, \cdots, K$）为第 k 个单位的效率比率，这里 K 代表评估单位的总数。设 u_j（$j=1, 2, \cdots, M$）为第 j 种产出的系数，这里 M 代表所考虑的产出种类的总数。变量 u_j 用来衡量产出价值降低一个单位所带来的相对的效率下降。设 v_I（$I=1, 2, \cdots, N$）为第 I 种投入的系数，这里 N 代表所考虑的投入种类的综合素。变量 v_I 用来衡量投入价值降低一个单位带来的相对的效率下降。设 O_{jk} 为一定时期内由第 k 个服务单位所创造的第 j 种产出的观察到的单位的数量。设 I_{ik} 为一定时期内由第 k 个服务单位所使用的第 i 种投入的实际的单位的数量。

（2）目标函数

目标是找出一组伴随每种产出的系数 u 和一组伴随每种投入的系数 ν，从而给被评估的服务单位最高的可能效率。

$$\max E_e = \frac{u_1 O_{1e} + u_{2e} + \cdots + u_M O_{Me}}{v_1 l_{1e} + v_2 l_{2e} + \cdots + v_N l_{Ne}} \tag{5-1}$$

式中，e 是被评估单位的代码。这个函数满足这样一个约束条件，当同一组投入和产出的系数（u_j 和 v_i）用于所有其他对比服务单位时，没有一个服务单位将超过 100%的效率或超过

1.0 的比率。

（3）约束条件

$$\frac{u_1 O_{1e} + u_{2e} + \cdots + u_M O_{Me}}{v_1 l_{1e} + v_2 l_{2e} + \cdots + v_N l_{Ne}} \leqslant 1 \qquad (5-2)$$

$$e=1, 2, \cdots, K$$

式中所有系数值都是正的且非零。为了用标准线性规划软件求解这个有分数的线性规划，需要进行变形。要注意，目标函数和所有约束条件都是比率而不是线性函数。通过把所评估单位的投入人为地调整为总和 1.0，这样等式（5－1）的目标函数可以重新表述为：

$$\max E_e = u_1 O_{1e} + u_{2e} + \cdots + u_M O_{Me}$$

满足以下约束条件：

$$v_1 l_{1e} + v_2 l_{2e} + \cdots + v_N l_{Ne} = 1$$

对于 K 个服务单位，等式（5－2）的约束条件可类似转化为：

$$u_1 O_{1e} + u_{2e} + \cdots + u_M O_{Me} - (v_1 l_{1e} + v_2 l_{2e} + \cdots + v_N l_{Ne}) \leqslant 0$$

$$e=1, 2, \cdots, K$$

式中，$u_j \geqslant 0$，$j=1, 2, \cdots, M$；$v_i \geqslant 0$，$i=1, 2, \cdots, N$。

关于服务单位的样本数量问题是由在分析中比较所挑选的投入和产出变量的数量所决定的。上述关系式把分析中所使用的服务单位数量 K 和所考虑的投入种类数 N 与产出种类数 M 联系出来，它是基于实证发现和 DEA 实践的经验。

5.2.2 农业行政部门管理效率评价的基本流程

运用 DEA 模型对农业行政管理体系进行绩效分析的程序如下：①确定评价目的；②选择决策单元；③建立输入、输出指标体系；④数据调查与数据处理；⑤DEA 算法分析。

（1）确定评价目的

提高行政绩效是我们进行行政改革的根本目的，而行政改革的效果如何，实现程度怎样需要通过对行政绩效的考核来确定。因此，需要对各级各类农业行政部门的绩效高低进行分析、比较与评价，使各地农业行政部门形成一种竞争性状态，促进其工作绩效的提高，促进农业和农村经济发展与民主政治建设。

（2）选择决策单元 DMU

选择决策单元也就是确定要进行评价分析的对象。DEA 方法是在同类型的决策单元间进行相对有效性评价，因此，选择的所有单元都必须是同类型的。同类型主要包括三个方面：相同（类似）的目标和任务，相同（类似）的外部环境，相同的输入、输出指标。因此，根据这三个特征，我们可以选取全国所有县级农业局或其中一部分，或者所有省级农业厅或其中一部分作为决策单元。另外，在外部环境和内部结构没有太大变化的情况下，同一个部门的不同时段也可以视为同类型的决策单元。因此可以选取某个农业行政部门每半年的活动作为相同决策单元对其自身各个阶段进行相对有效性评价。

（3）建立输入、输出指标体系

建立输入、输出指标体系是进行 DEA 分析的一项基础性前提工作，必须做好，否则后面的分析也就没有意义了。建立进行农业行政管理体系绩效分析的指标体系需要注意以下几个问题：

第一，要根据评价目的建立指标体系。

第二，指标要能全面反映评价目的。一般来说，任何一个事物都需要多个指标才能全面描述，缺少某个或某些指标常会使评价目的不能完整地得以实现。农业行政管理部门资源占用与消耗不仅包括财、物的耗费，还包括人力资源的占用，一年一度的公务员考试吸引了大批人才进入农业公务员体系。同样，农业行政成果不仅包括经济方面的，还包括政治、社会以及农村文化的发展。

第三，要考虑输入、输出向量之间的关系。一般来说，任何一个决策单元的各输入与输出因素间都不是孤立的。如果一个指标与其他几个指标间有强相关关系，则说明这一指标的信息可以被另外几个指标包含，因此不必再将其作为输入指标。在实际运用中，可以通过主成分分析来确定主要特征向量。考虑上述因素后，结合专家意见，即可以根据需要建立农业行政管理绩效分析的指标体系。DEA算法中，绩效评估指标应包括输入指标和输出指标。输入指标主要包括人、财、物三个方面，包括公务员投入、公共管理费用、物质投入等。输出指标则包括经济、政治、社会、生态等几个方面，但限于数据搜集的难度和研究的重点，本书的输出指标侧重于经济效率的考察。输出指标包括农林牧渔业人均产值、农民人均纯收入增长率和第三产业从业人员比重。具体指标见表5-1。

表5-1　投入指标和输出指标解释或算法

指　标	指标解释或算法
公务员投入	包含针对公务员个人的支出和针对公务员家庭的补助支出。前者具体包括基本工资、津贴、奖金、社会保障缴费和其他支出，后者具体包括离休费、退休费、退职（役）费、抚恤和生活补贴、医疗费、住房补贴、奖学金和其他费用等
公共管理支出	指政府部门在自然灾害救助、农业生产资料补贴、农业资源和环境保护、土地管理、农业综合开发等过程中产生的行政管理费用。具体包括办公费、印刷费、水电费、邮电费、取暖费、交通费、差旅费、会议费、培训费、招待费、福利费、劳务费、租赁费、物业管理费、维修费
物质投入	指政府部门在行政管理过程中购置的办公设备和交通工具等。具体包括专用材料费、办公设备购置费、专用设备购置费、交通工具购置费和图书资料购置费。五项费用均按相应年限进行折旧
农林牧渔业人均产值	农林牧渔业产值/农林牧渔业从业人数
农民人均纯收入增长率	（当年人均纯收入/上年人均纯收入－1）×100%
第三产业从业人员比重	农村劳动力中农林牧渔业劳动力的比重

（4）数据调查与数据处理

将所调查的数据汇集整理成表，决策单元为 DMU_j，$j=1$，2，…，n。输入指标 X_{ij}（$i=1$，2，…，m；$j=1.2$，…，n），输出指标 Y_{sj}（$s=1$，2，…，r，$j=1$，2，…，n）

（5）DEA 算法分析（C^2R 模型和 C^2GS^2 模型）

设有 n 个决策单元，每个决策单元都有 m 种类型输入和 s 种类型输出，分别用输入 X_j 和输出 Y_j 表示物流业可持续发展系统中第 j 个决策单元的输入向量和输出向量。则有：

$$\begin{cases} X_j=(x_{1j}, x_{2j}, \cdots, x_{mj})^{\mathrm{T}} & j=1, 2, \cdots, n \\ Y_j=(y_{1j}, y_{2j}, \cdots, y_{sj})^{\mathrm{T}} & j=1, 2, \cdots, n \\ x_{tj}>0 \\ y_{tj}>0 \end{cases} \tag{5-3}$$

可评价相对规模有效性和相对技术有效性的 C^2R 模型。基于凸性、锥性、无效性和最小性公理假设时的具有无穷小量 ε 的 C^2R 模型为：

$$(D)\begin{cases} \min\left[\theta-\varepsilon(\hat{e}^TS^-+e^TS^+)\right] \\ \text{s. t.} \sum_{j=1}^{n} xj\lambda j+S^-=\theta x_0 \\ \sum_{j=1}^{n} yj\lambda j-S^+=y_0 \\ \lambda j\geqslant 0, j=1, 2, \cdots, n \\ S^-\geqslant 0; S^+\geqslant 0 \end{cases} \tag{5-4}$$

其中，$\hat{e}^T=(1,1,\cdots,1)\in E_m$，$e^T=(1,1,\cdots,1)\in E_s$，$S^-=(S_1^-,S_2^-,\cdots,S_m^-)^T$ 是由与投入相对应的松弛变量组成的向量，$S^+=(S_1^+,S_2^+,\cdots,S_s^+)^T$ 是由与产出相对应的剩余变量组成的向量。若目标函数的最优值 θ^0，$\lambda j^0(j=1,2,\cdots,n)$ 满足 $\theta=1$，$S^+=0$，$S^-=0$ 时，DMU_{j0} 为 DEA 有效，此时 DMU 技术效率与规模效益最佳；当 $\theta=1$，但 S^+ 与 S^- 不全为 0 时，综合效果有效但投入与产出还需调整，

DEA 弱有效；否则非 DEA 有效，DMU 投入不当。

只用于评价相对技术有效性的 C^2GS^2 模型。基于凸性、锥性、无效性和最小性公理假设时的具有无穷小量 ε 的 C^2GS^2 模型为：

$$(D)\begin{cases}\min\left[\varphi-\varepsilon(\hat{e}^TS^-+e^TS^+)\right]\\ \text{s. t. } \sum_{j=1}^{n}xj\lambda j+S^-=\varphi x_0\\ \sum_{j=1}^{n}yj\lambda j-S^+=y_0\\ \sum_{j=1}^{n}\lambda j=1\\ \lambda j\geqslant 0,j=1,2,\cdots,n\\ S^-\geqslant 0;\ S^+\geqslant 0\end{cases}\qquad(5-5)$$

在引入约束 $\sum_{j=1}^{n}\lambda j=1$ 后，则构成新的规划模型（5－5）。该模型用来测算 DMU 纯技术有效性，$\varphi=1$ 表示该决策单元技术有效，表明决策单元位于生产函数的前沿面上，当投入量既定时，生产活动能获得最大的产出。其有效前沿面是一个凸集。

在得到整体有效性值 θ 及纯技术有效性值 φ 后，可得出规模有效性值 $\omega=\theta/\varphi$。

非 DEA 有效时的投影调整方法。设（X_0，Y_0）为某评价单元的投入量与产出量，（X_1，Y_1）为（X_0，Y_0）在 DEA 相对有效面上的投影，所以调整量为：

$$\begin{cases}\Delta X=X_1-X_0=(\theta_0-1)X_0-S_0^-;\\ \Delta Y=Y_1-Y_0\end{cases}\qquad(5-6)$$

调整后的指标只可以作为下一个决策期的投入与产出指标的预测值，因此借助投影可以找出系统中需要改进的投入量。

需要说明的是 DEA 模型所做的是一种相对有效性评价，因此无论如何，即使所有决策单元的效率都不高，但总会有至少一个有效的决策单元，这样就可能使评价显得毫无意义。

因此，需要引入标杆管理，将DEA有效的决策单元再与标杆进行比较，只有相对有效且与标杆接近的组织才是高绩效组织。而所选取的标杆不一定是实际存在的，而应该是同类或相似部门的最佳工作绩效的综合。

5.3 实证分析

本书以黑龙江省为例，搜集了2003—2006年的相应数据，同时结合专家意见设定了对比单元的相应数据。

5.3.1 2003—2006年4个决策单元处理

首先对未加入对比单元的四组数据进行处理，结果如表5-2所示。

（1）农业行政管理总体有效性、规模有效性和规模效益分析

根据C^2R模型的分析结果，2003—2006年黑龙江省农业行政管理总体效率有效的年份为2003年，综合有效值为0.920；从技术有效性（C^2GS^2模型）看，相对综合有效值为0.999，其中，2003年、2005年和2006年纯技术效率均为1，说明黑龙江省行政管理技术有效性程度较高。

另外，行政管理规模综合有效性为0.921，整体规模有效的年份仅为2003年，其余年份的投入规模是非有效的，且占分析单元总数的3/4。

表5-2 2003—2006年黑龙江省农业行政管理相对有效性

DMU	技术效率	纯技术效率	规模效率	规模效益
2003年	1.000	1.000	1.000	—
2004年	0.889	0.996	0.893	规模递减
2005年	0.944	1.000	0.944	规模递减
2006年	0.845	1.000	0.845	规模递减

对于判定 DMU 的规模效益，根据式（5－3）至（5－6），如果 $\theta=\varphi$，则该 DMU 规模收益不变；如果 $\theta\neq\varphi$，则 C^2R 模型下的 $\sum\lambda_j>1$，意味着规模收益递减，$\sum\lambda_j<1$ 意味着规模收益递增。从表 5－2 可知，2004—2006 年三年均为规模效益递减，也就是说，加大对农也行政管理的投入并不能促进农业的加速发展。

（2）非 DEA 有效性的调整

一个理想的农业行政管理系统应该是 DEA 有效。C^2R 模型下的 DEA 有效性同时表明了技术有效性和规模有效性。技术有效表明决策单元位于生产函数的前沿面上，当投入量既定时，生产活动能获得最大的产出。规模有效表明决策单元具有最佳的投入规模。当被评价单元为 DEA 有效时，投入产出已达到相对最优。反之，若被评价决策单元为非 DEA 有效时，则必定存在投入冗余或产出不足，这时可利用式（5－6）进行调整。因此，要使非 DEA 有效的 DMU 变为有效的 DMU，在产出固定的情况下应缩减相应的投入或者在既定投入规模下调整投入结构。

表 5－3　投入冗余和产出不足分析结果

DMU	决策指标	原值	投入冗余值	产出不足值	调整值
2004 年	output 1	1.609	0.201	0.000	1.810
	output 2	10.780	1.347	5.720	17.847
	output 3	25.150	3.143	0.225	28.519
	input 1	94 649.000	0.000	0.000	94 649.000
	input 2	26 910.000	0.000	−1 865.793	25 044.207
	input 3	3 765.300	0.000	76.031	3 689.269
2005 年	output 1	1.858	0.110	0.000	1.968
	output 2	7.190	0.426	11.784	19.400
	output 3	26.690	1.580	2.729	30.999
	input 1	102 881.000	0.000	0.000	102 881.000
	input 2	31 165.000	0.000	−3 942.599	27 222.401
	input 3	5 089.000	0.000	−1 078.860	4 010.140

（续）

DMU	决策指标	原值	投入冗余值	产出不足值	调整值
2006 年	output 1	2.012	0.368	0.000	2.380
	output 2	10.280	1.880	11.305	23.465
	output 3	26.970	4.931	5.593	37.495
	input 1	124 438.000	0.000	0.000	124 438.000
	input 2	55 733.000	0.000	−22 806.598	32 926.402
	input 3	9 530.400	0.000	−4 680.002	4 850.398

从投入冗余值和产出不足值的大小来看，投入指标 1（公务员投入）和产出指标 1（人均农林牧渔产值）两组指标的投入产出水平很高，表明考察其内行政管理组织人员规模的设定比较合理，能够带来较好的规模效益。投入指标 2（公共管理投入）所带来的产出水平还相对最低，规模及技术有效性尚未得到充分发挥。以 2004 年为例，原公共行政管理费用为 26 910 万元，按照处理结果，该费用可缩减的幅度是 1 866 万元，也就是行政管理费用若在原来基础上缩减 7%，则行政管理效率产出水平将明显提高。2005 年行政管理费用可缩减幅度为 3 943 万元，2006 年为 22 807 万元。因此，需要合理调整投入结构及投入量，使其对行政管理效率的贡献进一步加强。

5.3.2 加入对比单元处理结果

（1）对比单元的选择

从本书探讨的对象出发，结合行政效率的主旨要义，选取对比单元的基本思路为：将投入产出指标高度集中，即单一的产出指标与单一的投入指标的比值为标准选择对比单元，其中，单一的产出指标为农林牧渔业产出值，单一的投入指标为地方财政支出中的农业支出项目。为避免偶然因素的影响，以 2004 年、2005 年和 2006 年三年的投入产出比的均值作为最后的参考值。按照此方法，对全国 31 个省（自治区、直辖市）进行统计处理，部分结果见表 5-4。因此，我们选择河南省作为标杆，将黑龙江省农业行政管理效率最高的年份与河南省进行比对。

表 5-4　全国部分省市 2004—2006 年投入产出统计结果

地区	河南	海南	河北	福建	广西	吉林	黑龙江	辽宁
投入产出比三年平均值	102.5	96.8	89.8	70.9	67.9	54.1	44.6	43.3
排名	1	2	3	4	5	10	12	13

（2）加入对比单元的处理结果

从上述的分析结果可知，2003 年农业行政管理整体相对效率有效，因此将该决策单元提出，并与对比单元进行效率相对有效性分析，结果如表 5-5 所示。

表 5-5　加入对比单元的农业行政管理相对有效性分析

DMU	技术效率	纯技术效率	规模效率	规模效益
2003 年	0.962	1.000	0.962	规模效益递增
对比单元	1.000	1.000	1.000	—

表 5-6　投入冗余和产出不足分析结果

决策指标	原值	投入冗余值	产出不足值	调整值
output 1	1.564	0.062	6.912	8.538
output 2	15.420	0.609	1.046	17.076
output 3	24.640	0.397 4	0.000	25.614
iutput 1	81 776.000	0.000	−53 686.156	28 089.844
iutput 2	21 638.000	0.000	−2 453.234	19 184.766
iutput 3	3 187.500	0.000	0.000	3 187.500

从分析结果中不难看出，2003 年农业行政管理效率在加入对比单元后明显降低，由原来的整体有效变为弱有效。C^2GS^2 模型分析结果显示，2003 年行政管理的规模效率为 0.962，纯技术效率为 1，且规模效益递增，表明追加投入仍可扩大产出。

投入冗余和产出不足分析结果，2003 年投入指标 3（物质投入）的产出水平最优，但投入指标 1 和 2 的产出水平较低，仍有较大的调整空间。

5.3.3 结果分析

通过以上测算得到如下基本结论：①2004—2006 年黑龙江省农业行政管理效率低于 2003 年，且规模递减；②引入标杆进行对比后发现，2003 年黑龙江省农业行政管理效率由 DEA 相对有效变为相对弱有效，其中公务员投入规模在行政体管理系中需要作进一步调整。

鉴于以上分析，提出如下对策建议：第一，树立现代农业行政管理理念。塑造服务型农业行政理念是我国农业行政管理体系创新与发展的要求和必然趋势，政府要树立宏观、全局、指导服务和市场意识，要有“小政府、大服务”、大农业、大市场的观念；转变工作职能，转变工作作风，从过去单纯的管理者的身份向组织协调者、服务者转变；从原来的命令式的行政指挥转到依法行政，为农业发展创造一个公开公平公正良好的发展环境。第二，建立统一协调、精干高效的农业管理机构和管理队伍。现代市场经济要求农业管理体制必须从“大农业”的角度出发，按照权责一致的原则，整合职能、强化服务，打破部门分割，对农产品生产、加工、营销、内外贸和宏观管理的国内职能进行整合，减少管理层次和环节，建立一个精简统一、运转协调、精干高效的政府管理农业和农村事务的综合机构，实现产前、产中、产后的一体化管理，把生产、加工和消费环节紧密结合起来。同时，调整部门之间的职责权限，明确部门之间的职能分工，规范管理。第三，加强公务员奖惩考核制度，完善公务员激励机制。第四，加强农业行政管理的技术创新。为适应新的经济形势，我国农业行政管理制除了在体制上进行改革和创新外，还应在行政手段创新上下工夫，这主要包括农业行政的电子化、信息化和网络化。加强政府农业信息体系建设，统一规划部署农业信息网络基础设施建设，建立健全农业信息管理服务系统和服务机构。

5.4　本章小结

农业行政管理效率是受多种因素作用的结果，其实际成果也表现在若干方面，因此评价农业管理效率是一件极其复杂的事。本书仅仅就黑龙江的一些情况做了一点简单的分析，但分析结果依然有效，与想象的预期吻合。黑龙江省是我国农业大省，分析黑龙江省的农业行政管理效率具有一定代表性意义。通过 DEA 分析发现，近几年黑龙江省农业行政管理效率规模递减，这与现代农业逐渐兴起呈相反趋势；黑龙江省是我国最有条件率先实现农业现代化的省份之一，但农业行政管理效率与其他省份相比呈相对弱有效；公务员投入规模与效率呈反向，说明人员投入在行政体管理系中需要作进一步调整。

第六章　农业行政管理体制的供求分析

我国处在由传统农业向现代农业转变的关键时期。由农业生产特点、农村和农民的弱势地位决定，要实现农业现代化，必须要通过政府对农业的支持、政府宏观管理职能的充分发挥才能成功。与工业及其他产业相比，农业的发展和政府管理存在着较大的依赖性，农业生产效率的提高和政府的管理效率之间存在着较大的依存性。现代农业需要综合全面的农业行政管理体系、精干专业的管理人才队伍、创新型的管理手段、健全的农业制度性保障体系与之相适应。但是，我国目前的农业行政管理体制是计划经济的产物，在职能配置、职权划分、人才设置、管理方式等方面难以满足现农业的发展需要，因此必须进行变革。农业行政管理体制的变革除了要适应现代农业的要求，还要考虑制度的供需方的实际需求。因此本章主要从两个角度对农业行政管理体制进行了分析。一是从现代农业的角度，二是从制度的供需方——基层行政管理部门和农户的角度，来分析现行农业行政管理体制制度供求的不平衡表现及原因，为提出农业行政管理体制改革框架提供佐证。

6.1　农业行政管理体制的供求分析——基于现代农业的视角

现代农业是以完备的现代物质条件、先进高效的现代科学技术、发达的现代产业体系、多元化的现代经营形式和先进的现代发展理念为特征。农业行政管理制度的建设必须符合现代农业这些方面的要求，从而促进农业生产的发展和农村经济的繁荣。

6.1.1　农业行政管理体制的需求分析

（1）综合全面的农业行政管理体系

现代农业的一个特点就是农业生产经营呈现出产业化和一体化的趋势。在这种现代经济方式下，农业生产领域呈现出专业化的特点，农业和其他产业的联系得到加强。农业所创造的价值不是来自于农业生产，而是产生于流通和加工领域，所以我国政府已经意识到解决农业和农村问题不能立足于它们自身领域范围，需要建立统筹兼顾、各产业协调发展的格局。政府在实施农业行政管理组织结构设计就应适应这种需求。一些率先实行现代化的国家，如美国和英国就实行了综合性的农业行政管理模式。总体来说，农业行政管理体系要建立在统一、协调、高效的基础上，农业行政管理的功能和运营机制要体现统筹城乡、产业协调的发展需要，要打破地区、部门各自为政的封闭、分割管理格局，建立起分工协作、专业化、规模化、市场化、开放性生产经营的社会化大生产模式及现代的农业管理体制。

（2）精干专业的管理人才队伍

如果没有精干、专业、高效的农业管理人才梯队，政府管理农业的效率难以提高。适应现代农业的要求，农业行政管理部门的职能也随之变化。政府的主要职能体现在两方面：一是要建立适应市场经济发展的宏观管理体制；二是要执行公共产品服务功能。这就需要专业化的人才队伍，其中包括熟悉市场机制运营规律的经营管理人才、熟练运用办公技术的计算机人才。此外政府提供各种金融、信息、保险、医疗、市场体系建设、农产品质量管理等服务也需要各种各样的专业人才。同时还要有能有效协调各方利益关系的行政管理人才等。在进行人才队伍建设时，为促进农业行政管理的高效运营，也需要树立现代人力资源管理理念与之适应。在人员的选聘、职务的设计、激励和绩效考评、培训方面形成系统化、科学化管理格局。

（3）科学的管理手段

现代农业需要现代化的农业行政管理方式与之相适应。政府管理农业的职能体现在服务和协调方面，即协调好政府部门与其他涉农部门之间的关系，协调政府、中介组织、企业、农户等方面的关系。建立良好的金融、法律、市场体系等宏观运营环境，为上述各种涉农部门和机构提供服务，使市场机制能够充分有效的发挥。这种职能需要创新过去单一的政府行政管理方式，实施多元化的管理方式。在市场机制能有效发挥功能的场合，政府应利用金融、信贷、税收、法律等手段，给予市场行为主体一定的激励和约束，使市场机制能充分、有效地运营。在其他市场机制不能作用的场合，政府应更多地采用行政化的管理手段，提高农村公共产品的供给水平。

（4）成熟的行政执法手段

只有建立健全的法律制度，才能为农业、农村的发展、改革提供有力的法律保障，现代农业才能有序、健康地进行。同时，在执法的过程中，农业行政管理部门也需要正确的执行，这样才能维护农业及农产品生产者、经营者和消费者的合法权益，才能确保社会化再生产的持续进行。

（5）健全的农业制度性保障体系

现代农业发展的核心是促进农业的发展和农村的繁荣。这就需要建立健全的农业制度性保障体系，包括土地产权市场、农业市场体系、农业基础建设、农业投入机制、农业社会公平和农业社会化服务、农业技术服务体系等。这些制度的构建有助于生产要素的合理流动，有助于农业综合生产能力及农业产出效率的提高。

6.1.2 农业行政管理体制的供给分析

我国现在的农业行政管理体制是在计划经济时期确立的。改革开放以来，我国确立了发展现代农业、社会主义新农村建设和统筹城乡发展的战略，农业行政管理体制进行了一些变革，取得了一些进展。但是，受计划经济行为模式影响，我国的农业行政管理体制的设计理念、运作方式没有发生根本性的变革，难以同现代农业的需求相适应。

（1）农业行政管理部门设置和职能划分不科学

我国传统的经营方式是生产和流通的分散化，与之适应我国的农业行政管理体制也呈现出部门分割的特点。具体来说就是对农业生产、农产品流通和农产品贸易实行分段式管理。农业生产由农业部门管理，农产品加工由政府工业部门管理，农产品贸易由外贸部门管理，农产品质量管理则由工商部门负责。这种体制会导致管理职能缺乏协调、部门利益分割严重、行业垄断和地区保护等情况的出现，从而使农业资源不能有效配置。农业行政管理部门的这种条块分割的状况也降低了政府的行政管理效率，表现出各部门职能交叉、相互扯皮、重复管理或管理缺位等现象。同时，农业行政管理部门也存在着权责不对等的情况。由于新农村建设和现代农业发展的需要，农业部门除了承担传统的农业生产管理的任务之外，还要承担拟定农业和农村经济发展战略，促进生产要素合理配置，研究制定农业产业化经营的方针政策和大宗农产品市场体系建设与发展规划，促进农业产前、产中、产后一体化，组织农业资源区划，发展生态农业和农业可持续经济，发展对外贸易等大量的工作。这些工作的实施需要集中大量的政府财力和物力才能履行，但是这些政府物资的分配权相应地分散到各个非农职能部门，使农业行政管理权限的发挥只是集中在生产领域和事务性工作，而忽视了其他环节和其他领域的管理。

（2）农业行政管理手段缺乏

过去农业行政管理部门的管理手段较为单一，主要以行政管理为主。例如为实现农业生产结构调整，政府通过定指标、派任务的形式直接介入生产领域。这种做法的效果往往是非常差的，因为生产结构的调整需要通过市场机制自发形成和促进，农产品的生产者和经营者才是最佳调整主体。所以，调整的结果往往是农户承担了大量损失，政府的威信也大大降低。近年来，政府的管理呈现出管理理念逐渐向服务领域演变、指令性调控方向逐渐向指导性方向演变的趋势。根据对湖南省农户的典型调查结果，63.6%的农户认为当前涉农管理部门的管理效果较好，对农业生产发展起了较大作用；91.7%的农户对乡镇政府部门的服务功能感到非常或比较满意；只有9.1%的农户反映在产业结构调整中，地区行政管理部门通过分摊指标的形式进行管理。以上反映了政府在进行农业宏观管理方面正逐步走向科学化。在肯定好的一面的同时，我们也应看到农业行政管理部门缺乏多样化的调控手段。农业管理部门承担着大量的宏观管理任务，需要多样化的手段加以实施。除了价格管理和市场准入等行政管理手段外，还需要金融、信贷、保险、法律手段加以调控，采用差别贷款利率、税率、财政贴息、财政直接投资、政府购买等方式对市场行为主体进行引导和扶持，以实现政府宏观管理的目标。但是在现实中，一些主要的经济手段如税收、价格政策、市场管理、信贷、储备的实施都不在农业部门手里。宏观综合部门如财政部门越来越多地直接组织农业投资项目的具体实施，陷入具体项目的管理之中。形成了农业和农村经济管理责任在农业部门，而相应的投资权在宏观综合部门的格局。

（3）农业保障制度建设不成熟

市场机制具有盲目性、自发性的特点，因而会导致市场失灵，表现为公共产品供给不足、垄断性效率损失、外部性等特点。农业社会性保障制度的建设目的是弥补市场失灵的缺陷，建立市场机制良好运营的宏观环境，提高农产品的综合生产能力及国际竞争力。具体的制度包括农业土地产权制度、农业市场体系建设、农业技术推广、农产品质量控制和监管制度、金融制度、保险制度、公共产品供给、农业就业制度和生活保障制度等。现阶段我国这些保障性制度建设还不成熟。以农地产权制度和农产品质量管理为例，土地经营权合理流动是实现规模经济的有效途径，但是我国尚未形成全国性的土地流转权交易市场，土地产权交易市场只在个别地区出现，使土地流转缺乏制度性和规范性管理。近年来一些食源性食品安全案件的频繁发生，使人们开始关注食品安全问题，但我国的农产品质量安全管理体系建设相对落后，表现为缺乏统一的食品质量安全标准、农产品食品检验普及率较低、农业监管部门监管的执法力度不强、市场体系建设不规范等，这些都会对农产品的销售和生产起到负面影响。根据对农户典型调查的结果显示，认为当前新农村建设中最薄弱环节和人数比例相应为：基础设施，69.2％；公共卫生，53.8％；农民就业，30.8％；社会保障，23.1％；土地流转，15.4％。在问及县乡两级农业推广中心的职能是否得到充分发挥时，有54.3％认为发挥一般，成效较小。

（4）农业法律制度建设不完善

采用法制手段进行宏观经济调整是政府宏观管理职能相对成熟的标志。适应现代农业发展的需求，法律手段逐渐应该成为宏观调控的主要手段。但在实践工作中，有相当一部分管理人员对农业行政执法工作重视不够，认为农业行政执法与已无关，使许多法律法规的规定不能在实践中加以应用。假冒伪劣商品层出不穷、市场监管屡禁不止的情况都和农业执法部门执法力度不够有关。总体来说，我国农业行政执法建设较为落后，至今没有建立起一个统一完整的农业行政执法体制。农业行政执法的主体不明确，法律规定农业行政管理机关是农业执法的主体，但是在实践中事权划分不明确，一法一机构，存在着分散化多头管理现象。农业行政执法的机构设置和职能分配不科学，一些省市的农业执法机构仅在县级以上铺开，且存在着多头领导的局面。一些单位的经营职能和监督职能合一，如有的农业推广部门一方面经营生产资料销售业务，一方面又执行市场监管职能，裁判员和运动员身份合一，影响农业执法的权威。此外，农业执法还存在制度不完善、执法人员素质不高的问题。

（5）农业行政管理人员建设落后

我国农业行政管理的职能机构地方采用和中央同样的配置格局，即中央有什么组织，地方也配置相应的组织机构，这种配置格局脱离了当地的农业发展实际。由于各地资源状况和经济发展水平不同，各地的产业格局和主导产业也不相同，组织结构的设置应该反映现实的需要。而且，由于市场化的运作结果，一些原来由政府承担的职能已经由市场承担了，原有的分散化的“七站八所”式的政府职能机构则应该向综合化的服务机构转变。按中央对口设置组织结构的方式不但影响了政府决策的效率，也造成了现有管理人员队伍的臃肿，人浮于事，加重了财政的负担。根据《中国农业统计年鉴 2007》统计数据显示：农业行政管理费从 1985 年的 153.62 亿元上升到 2006 年的 911.51 亿元，2006 年的农业行政管理费是 1985 年的 5.93 倍，年均增长率为 8.85%；国家财政支出和 GDP 也呈现出增长趋势，年均增长率分别为 8.73%和 5.97%。从年均增长率来看，农业行政管理费用的增长率要大于国家财政支出和 GDP 的增长率，这说明我国的农业行政成本不仅仅是在总量上增加了，而且其速度增长较快。在管理人员总量较多的同时，农业部门也缺乏专业化的管理人员。从湖南省常德市农业局 2003—2006 年的录用情况来看，全市招收的计算机类专业学生只有 7 人，法律及教育专业类毕业生人数为零，这些急需人才的空缺却得不到补充（周琪等，2007）。这反映了我国农业行政管理部门人力资源管理手段较为落后。

6.1.3 综合分析

通过几个方面的分析，反映出我国的农业行政管理体制供给情况和现代农业的需求不相适应，应当进行变革。实际上农业行政管理体制的说法并不科学，本身就带有计划性的色彩，采用农业宏观经济管理部门的说法更为科学。具体来说，应从以下几方面着手。

（1）合理设置部门结构和职能划分

逐步解决农业行政管理部门分割的局面，探索按照产业化、国际化需求建立农业综合管理部门的管理模式。可以借鉴美国模式，实施大部制的管理方式。由农业部门全面负责农业的产前、产中、产后的管理与协调，实现对农业生产、流通、加工、贸易等有效的综合宏观管理。实施组织结构扁平化，减少组织层次，探索部分省“省管县”模式的实现方式。在精简机构的基础上，调整部门之间的权责权限。合理划分中央和地方的管理权限，理顺农业部门与涉农部门的权限，协调好关系，避免交叉和重复。逐步建立适应现代农业需要的全新的农业行政管理体制。

（2）理顺政府与市场主体的关系

政府的职能定位是服务与指导性管理方式。应该扶持中介组织的发展，提高农户的组织化程度，提高农户应对市场风险的能力。同时，在组织职能结构创新的同时，逐步探索经济手段和法律手段在实践中的应用，使政府对农业宏观管理逐步走向成熟。

（3）加强农业宏观管理的保障性制度建设

在理清农业和其他部门权限的基础上，加大对农业的投入，加强农业金融、保险、市场体系、质量监管等方面的制度建设。

（4）加强对农业行政管理人员的人力资源管理

在精简人员的同时，引入人力资源管理理念，建立科学的选聘、考核、培训制度，提高专业化人才在管理队伍中的比例。

（5）增加执法力度

强化农业行政执法的理念，大力推广综合执法，完善农业行政执法体系；完善农业行政执法监督制度，促进其规范发展；加强农业行政执法队伍建设，强化法制知识培训，规范执法等。

6.2 农业行政管理体制的供求分析——基于制度供需主体的视角

农业行政管理体制的确立最终是通过组织和人员加以实施。因此，了解农业行政管理体制供需主体的需求及存在的问题，可以为将来深化农业行政管理体制改革、提高农业行政管理体制行政效力提供正确的方向。为此，以黑龙江省为调查对对象，设计了针对农业行政管理供给主体（管理部门）和针对需求主体（农户）的调查问卷。

6.2.1 农业行政管理体制的需求分析

（1）调查样本基本情况

为了解现行农业行政管理体制的绩效和薄弱环节，我们以农户为调查对象，对黑龙江省农户发放了调查问卷，调查地点包括依兰县靠山屯、城高子镇红旗村、望奎县火箭乡红三村、大庆市大同区双榆树乡沙家窑村、汤原县吉祥乡保安村、海伦市双录乡双山村、绥化市秦家镇民兴村、克山县河南乡大河村等 20 多个乡村。共发放问卷 86 份，回收 56 份，有效问卷 31 份。从调查对象的分布来看，性别以男性为主，占到调查总数的 81%；农户的年龄主要分布在 41～50 周岁，占到调查总数的 62%；高中以下学历占到调查总数的 82%；调查农户的 81%以务农为主。

（2）调查结果

主要从农户角度考察对政府农业行政管理职能的评价，以及农业职能部门提供公共服务、社会化服务、改善地方经济方面的做法和农户的看法，了解农户对政府行政职能的需求，以与农业行政管理的供给方面进行对比和评述。

农业行政管理部门的总体评价。对农业行政管理部门的总体评价内容涉及机构设置、服务效果、管理手段和方法等。

问及对当前农村管理部门设置情况的评价时，65%的农户认为农业行政管理部门机构设置比较合理，基本满足农户需求，35%的农户认为机构设置不合理，其中21%的农户认为部门设置较多、14%的农户认为部门设置较少（图6-1）。对于农业行政管理部门的人员设置情况，21%的农户认为人员设置基本合理，79%的人认为不合理。说明农户对农业行政管理部门的设置情况还是基本满意的，但是对农业行政管理部门的人员设置情况存在着不满，说明建设精干、高效的农业行政管理队伍是将来的改革方向。当问及农户对大部制管理的态度时，有78%的人持赞成态度。

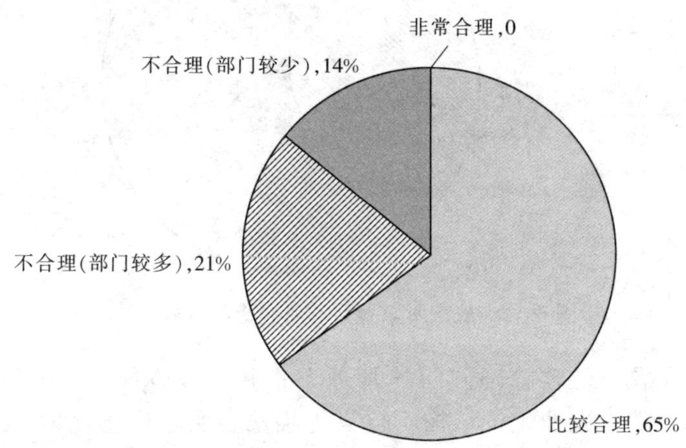

图6-1　农户对农业行政管理部门设置评价

问及如何看待农业行政管理部门的管理和服务时，14%的农户认为管理部门对农管理和服务到位，41%的人认为政府机构对农管理和服务执行情况一般，45%的人认为农业行政管理部门只有对农管理，没有对农服务（图6-2）。农业税减免后，32%的农户认为管理部门对农服务增多了，分别有32%和36%的农户认为管理部门对农服务比以前稍微减少和明显减少。农户对政府部门的服务态度评价一般，只有14%的农户认为农业行政管理部门的服务态度较好，50%的农户认为管理效果一般，36%的农户认为管理效果较差。根据反馈结果，农户认为农业税减免后，管理部门在农业技术服务、农业环境改善、农田基本建设和村庄规划方面的服务明显减少。从以上农户对农业行政管理部门的评价来看，农业税费改革后，管理部门的服务并没有得到农户的普遍认可，服务效率也有待提高。

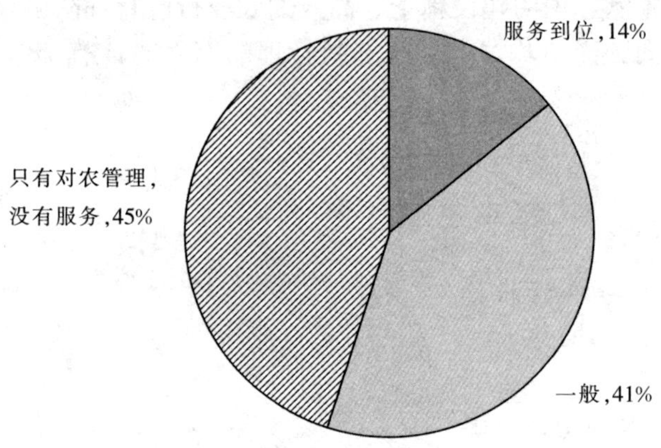

图6-2　农户对农业行政管理部门效率评价

在农业行政管理部门的管理方式和手段方面。100%的农户都反映了农业生产结构实行自主决策，实现市场化运行。有21%的农户认为政府提供了信息和技术辅导，而79%的农户认为政府基本没有提供服务。对于国家对农户的支持力度，约2/3左右的农户是比较满意的，但也有不足1/3的农户认为支持力度较小。对于国家对农业的补贴方式，近90%的农户对直接补贴持肯定态度。从以上评价来看，农业行政管理部门的管理方式逐渐呈良性发展，但是管理部门的管理和服务职能尚待改善。

农业行政管理部门的服务供给。农业行政管理部门的服务供给主要体现各级行政管理部门，尤其是基层行政管理部门提供科技、信息、购销等生产服务和生活服务情况，以及农户的评价。

对于乡镇政府在农业技术推广中的作用，13%的农户认为作用很大，33%的农户认为作用一般，剩下53%的农户认为作用不明显或者基本没什么作用（图6－3）。乡镇政府采用农技推广服务的形式主要是以经营性为主、政策性为辅。购销服务是农户比较迫切需要的，对于一些大的购销组织大多数农户是持肯定和欢迎态度的，比如对于合作经济组织和龙头企业分别有93%和77%的农户表示认可。但是调查中发现有72%的农户指出当地没有政府职能部门支持的农产品购销组织，销售农产品方面农户基本实行自产自销。分别有64%和68%的农户提到当地农业行政管理部门基本没有提供市场信息和农产品检测服务。农户获得市场信息的途径主要由市场服务部门提供（58.3%），而涉农部门、乡镇政府和广播电视途径也占一定的比例。

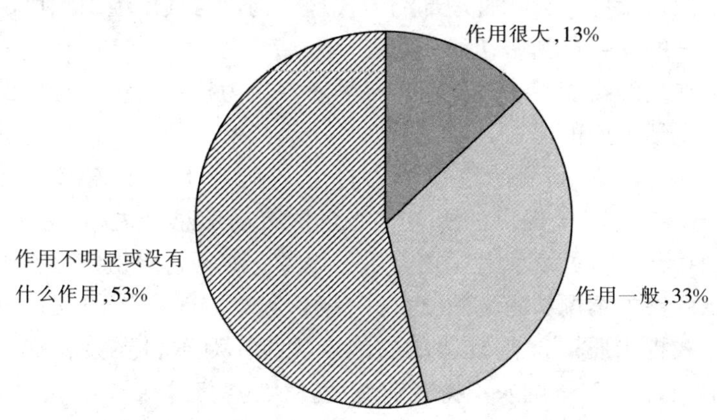

图6－3　乡镇政府在农业技术推广中所起到的作用

在农村教育、医疗和养老方面，农户给予的评价是不相同的。对养老问题79%农户是持肯定态度的，其中有61%的农户认为现在养老政府支持力度虽然小些，但以后会得到改善。对于农村医疗情况，53%的人认为还行，能够满足基本医疗需要，但也有46%的人反映乡村医疗条件还需要改善。对于中小学教育问题，46%的农户认为中小学教育硬件设施和教学质量一般，有27%认为较差（表6-1）。

表6-1　农户对生活服务的满意度

项目	认可	一般	不认可
教育	27%	46%	27%
医疗	0	53%	46%
养老	18%	61%	21%

从以上分析可以看出，农户对农业行政管理部门的服务并不太满意，对生活服务的评价要高于生产方面的服务。

村级组织服务。严格来说，村级管理机构并不是农业行政管理部门，它应该算是管理部门的代理机构，与其他组织相比，它与农户的关系最为密切。

在村级组织服务方面，11%的农户认为村级组织经常提供生产和生活方面的服务，41%的农户认为其所在的村子很少提供相应的服务，有48%的农户认为村子基本上什么服务都不提供（图6-4）。村子提供的服务主要包括市场信息、道路维护和组织销售几个方面，尤其是道路维护服务。对于村级组织落实国家惠农政策的情况，有52%的农户基本满意，有22%的农户对落实方式提出质疑，有15%的农户不满意。对于村委会和党支部的关系，有71%的农户持否定态度，认为两套班子、一套人马，村级管理混乱。关于农户比较关注的民主管理情况，结果并不理想。有82%的农户认为意识很好，但在实际中流于形式。从以上调查结果来看，农户普遍认为村级组织的管理和服务职能不到位，农户的民主管理尚待改善。

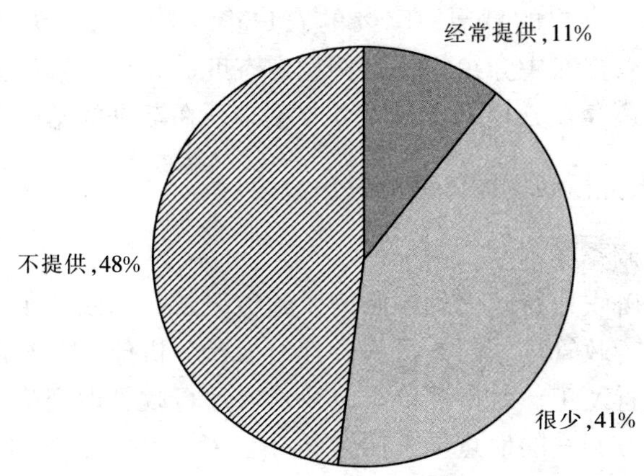

图 6-4　村级组织提供服务情况

农户对农业行政管理服务的需求。了解农户需求的特点对于农业行政管理体制的变革起着重要的作用，因为满足农户需求是评价政府管理效率的最重要的尺度之一。

农户当前最需要的服务包括农业技术服务、市场价格和购销信息服务、农田基础设施建设、社会保障和农业保险服务。对于农户急需的基础设施投资渠道，大多数农户倾向选择由农户、政府和村集体共同负担。对于农业税免除后，农户面临的最大负担主要包括医疗、养老负担，占 39%；农业生产方面的负担，占 25%；选择教育负担的比重占到 31%。当问及新农村建设中的薄弱环节时，农户最为关注的是村容整洁和发展生产，对生活宽裕和民主管理的重视程度相对差些。对具体内容的选择比例为基础设施 69%、公共卫生 54%、村庄规划 54%、农民就业 31%、发展经济和社会保障 23%。从需求的特点来看，农户的需求范围已经扩大，即从过去关注生产扩大为关心农村的环境建设和村庄规划问题，而经济发展、城市建设中的一些问题如就业和社会保障问题也逐渐成为农户重点关注的目标。在问到农户对于非政府农民中介组织的看法时，77%的农户认为是一种改革的路子，但应该尊重农户的意愿；54％的农户很支持，农户需要组织起来。说明农户对中介组织还是持肯定态度的，但由于过去合作化的影响，还存在心理阴影，所以改革必须在渐进的基础上进行。

6.2.2 农业行政管理体制的供给分析

（1）调查样本基本情况

为了解农业行政管理体制的供给情况，我们以黑龙江省部分地区农业行政管理部门人员为调查对象，分析他们对农业行政管理部门设置及工作效率评价，以及对农业行政管理变革的主要看法和观点。调查的地点涉及哈尔滨市、双鸭山市、齐齐哈尔市、七台河市等多个地区。发放调查问卷24份，回收24份。

样本分布如下：省级行政管理人员3人，占总数的13％；地市级8人，占总数的33％；县级13人，占总人数的54％。其中，男女比例分别为56％和44％。年龄在30～50周岁的占到总数的74％。学历基本都在专科以上。

（2）调查结果

管理部门的设置。在对中央和地方实行垂直管理的方式上，38％的人认为非常科学合理，有利于中央对地方的集中管理；56％的人认为基本合理，适应农业工作的需求；只有6％的人认为不太合理，造成了机构臃肿，增加了工作协调的难度。问及十六届三中全会提到为减少信息失真，要进行管理层级压缩，您认为几个层级比较合适时，64％的人认为应设置中央、省、县、乡镇四级，23％的人认为实行中央、省、市三级，15％的人认为应维持现有五级管理层级不变。在农业行政管理体制的事权和职能对应的问题上，56％的人认为设置合理，事权和责权相对应，而44％的人则反映不合理，管理部门权小责任大、有事权无责权。

在对我国目前农业行政管理部门部门分割现状的评价问题上，31％的人认为，现有部门设置有一定的合理性、符合实际，因为农业是一个复杂的系统，不可能由农业行政管理部门单独管理；31%的人认为基本合理，符合现实需求；31%的人认为不合理，因为增加了部门之间的沟通难度，部门协调困难。在问及对实行农业综合管理的大部制改革的看法时，持赞成态度的占到82%，但其中有19%的人认为虽然大部制有利于加强农业各部门和各环节的合作，但现期并不具备实施大部制的条件。现期实行大部制的制约因素主要是意识形态（38%）和人才因素（38%）。关于农业行政管理部门和其他涉农部门的横向关系，认为非常好和比较好的占到40%，认为关系一般占到23%，剩下13%的人认为关系很差。对于现期农业行政管理体制改革最难处理的关系，大部分人员认为主要是涉农职能部门之间的关系，以及国家行政指标与村民自治之间的关系。

问及你所在的地区是否设置农业信息服务及农产品质量检测机构时，60%的人回答地区设立了农业信息和服务机构，其中33%的人认为软硬件建设较好，27%的人认为硬件建设较好，但软件建设缺乏，还有33%的人指出当地并没有成立相应的机构。56%的人回答地区没有设置质量检测机构；31%的人回答当地设置了相应机构，而且服务质量较好；13%的人回答当地只提供了硬件设施，但是质量检测服务并没有普遍开展。

关于农业行政管理人员对非政府组织的看法及关系，46%的人回答地区实施了"龙头企业+农户"的产业化模式，而且效益较好；48%的人认为虽然地区有这样的模式，但效果一般；6%的人回答地区并没有设立这样的模式。在提及对发展农民中介组织的看法时，94%的人持支持态度，6%认为对农村中介组织的发展应该持谨慎态度，没有人持反对态度。

管理人员配置。在问及你所在的政府涉农管理部门的人员设置是否科学时，19%的人认为人员配置比较合理，管理和服务工作做得较好；71%的人认为人员配置不合理，其中认为人员配置较多的占到19%，63%的人认为机构人员配置较少，无法满足正常工作需要。

管理职能和手段方面。谈到涉农部门在政府机构改革中应该起到的作用时，48%的人认为机构改革必须以政府为主导，28%的人认为涉农管理部门应起主要作用，24%的人认为政府与涉农部门应该各负其责。

关于政府在农业和农村工作中应该加强哪些薄弱环节的工作，管理人员主要考虑农业生产基础设施建设、农村社会保障制度建设、农村环境基础设施建设以及公共卫生建设等方面，村庄规划则排在末位。

在关于实施农业行政管理的手段方面，即关于农业行政管理人员对于行政执法的看法时，87%认为很重要，行政执法有利于确立政府威信、便于规范化管理；13%的人认为很有必要，但现期管理手段应以政府引导和行政推动为主，现在实行依法执政的时机还不成熟。在问及哪些是影响政府履行职能的薄弱环节时，依次是办公和设备装配差（29%）、执法手段不足（24%）、法律依据不足（17%）、人员素质低（7%）、缺乏现代化办公手段（7%）。

在问及新农村建设中的薄弱环节时，排在前几位的分别是基础设施建设（75%）、发展经济（35%）、社会保障（44%）、公共服务（24%）。

在关于如何实行农业行政部门的改革，解决农业行政管理部门的职能不清问题时，75%的人认为应该清晰定位政策型和经营性服务职能，把经营性管理部门推向市场。

6.2.3 综合分析

通过对农户和农业行政管理人员问卷的分析，可以看出在农户需求和管理部门职能供给方面还存在一些偏差，农业行政管理部门的效率方面还需要进一步提高。具体来说，表现在以下几个方面：

（1）农业行政管理部门管理和服务效率尚须加强

虽然农户对农业行政管理部门的设置持肯定态度，但是在人员配置和服务效果方面主要是持否定态度的，满意度不高。这说明现行农业行政管理部门内部各职能部门和涉农部门之间的职能划分尚须进一步理清，尽量避免相互交叉、产生扯皮现象。对于工作人员应引入企业化管理模式，建立目标管理机制，明确其权责，提高其服务效率和工作效率。

（2）以农户需求为导向设置管理职能

农业行政管理部门除了履行管理职能外，还应该执行服务职能。应该根据农户的需求确定管理职能，加强农村薄弱环节建设。现期农户急需的是农业技术服务、市场价格和购销服务，也就是说农户仍然把生产需求放在首位，但是农业行政管理部门在市场服务和技术服务方面却存在着缺失现象。农产品质量检测和消费者安全以及提高农产品竞争力息息相关，但是我国农产品质检体系却迟迟没有建立起来，造成食品安全事件频繁发生。现期，应加强基层农业推广体系、水利服务站等基础技术指导部门的建设，加快建立农业信息服务和农产品质量检测体系，充分发挥政府在发展生产和引导市场方面的作用，真正解决农户需求。此外，农户在关注生产的需求之外，有向生活质量需求转变的趋势。调查中发现，对村容整洁、村庄规划、道路维修、生活垃圾处理等方面的需求农户表示强烈，农业行政管理部门的职能转变也应该顺应这种趋势。

（3）加强对村级集体经济组织的管理和监督

村级集体组织和农户关系密切，村级组织对农户应执行管理、服务、协调功能，但在实际中服务功能严重缺失。我们调查的许多农户都反映村级集体组织很少提供相应的服务，村委会和党总支形同虚设。村级组织的管理是影响农户对农业行政管理部门绩效和满意度评价的主要因素。因此，现期应加强对村级组织的管理和监督，建立绩效评价体系，强化村级集体组织的服务职能的履行。

(4) 加快培育中介组织

由于村集体经济组织在服务职能方面的缺失，所以应建立社会广泛提供农业服务的新机制。培育和推广农业合作社、龙头企业、协会等中介组织，发挥它们在标准化生产、技术研究和推广、品牌培育、安全生产等方面的功能。改革现有农业行政管理体制，对政府的政策性业务和商业性业务进行剥离，形成政府部门和第三方机构协调管理的合作机制。吸引私人部门进入商业性业务领域，促进有效竞争。

(5) 农业行政管理体制改革需要逐步推进

农业行政管理体制实行垂直管理的四级管理模式以及实行部门分割的行政管理体制已经产生了路径依赖，农业行政管理部门人员尚没有做好行政管理体制改革的充分准备。虽然从现代农业的角度考虑，实行大部制改革是适应现代农业改革的必然趋势，但现期实行大部制尚缺乏人才贮备，意识形态领域也需要进行变革。改革可能要涉及许多部门的利益，因此大部制改革必然要面临许多阻力，只能通过定点示范和逐步推广的形式加以推广。

6.3 本章小结

经济学中“供给”和“需求”是相对而言的。农业行政管理职能随着社会的发展而发展，随着不同时期的任务和形势的变化而变化。农业发展的不同阶段、同一阶段的不同时期、同一时期的不同国家，农业行政管理职能的内容、结构和形式各不相同，这种差异是由农业对政府职能需求的差别形成的。当我国开始从传统农业向现代农业转变，农业行政管理职能的新的变迁过程也就随之开始，这种变迁实际就是政府职能需求与供给变化发展的过程。在我国，相对于现代农业，既存在着农业行政管理职能的供给过剩（管了许多不该管、管不好的事），也存在着农业行政管理职能的供给不足（一些该管的事没有管或没有管好）。现代农业行政管理同现代农业一样，是一项系统工程，需要开放的系统的管理体制，需要精干高效的专业管理队伍，需要统一协作竞争的农业格局，需要现代农业管理方式，需要稳定连续的保障体系。通过对农户和农业行政管理人员的问卷分析，我们可以看出在农户需求和管理部门职能供给方面还存在一些偏差，农业行政管理部门的效率方面还需要进一步提高。包括农业行政管理部门的管理和服务效率需要加强、建立以农户为导向的服务机制、加强对村级管理组织的管理和监督、培育中介组织等。

第七章　国外典型国家农业行政管理特点及经验借鉴

7.1　典型国家农业行政管理体制概述

政府的农业行政管理部门在有关国家被冠以不同的名称。美国为“农业部”，德国为“消费者保护暨粮农部”，英国为“环境、粮食暨乡村事务部”，日本为“农林水产省”。虽然各国的农业行政管理部门的设置各有不同，但是无一不把农业行政管理部门作为国家行政管理的重点。本书选择美国、欧盟、日本等发达国家农业行政管理部门的设置及运行机制进行分析，试图从中寻找有利于我国农业行政管理体制改革的宝贵经验。

7.1.1　美国的农业行政管理体制

从世界范围来看，美国的农业行政管理体制发展较为完善。但从它创建到最终确立经历了上百年的时间。早在 1799 年，乔治·华盛顿曾提出成立国家农业委员会，但提议未被众议会接纳。1839 年，美国联邦政府在版权办公室下设农业处，其主要职能是保护农业品种、农业统计，财政拨款只有 1 000 美元。1962 年美国总统林肯正式批准成立农业部，农业部又被称为“人民部”，因为当时美国无论是农业人口还是农业产值在整个国家中都占有较大比重（农业人口大约占到一半左右）。1899 年升格为内阁部门，成为除了商业部、国防部之外的联邦政府的第八个行政部门。

美国是世界上较强的农产品生产和出口大国，虽然美国的农业就业人口只占到总就业人口数的2%左右，但是农业及其相关产业仍然贡献了GDP的1/5。因为粮食是重要的民生资源和战略资源，美国历来重视对农业的管理和支持。作为管理美国农业事务的主要机构——农业部，雇员人数13万人左右，其雇员遍布60个州和其他50多个国家，成为联邦政府最大的机构之一。

（1）美国的农业行政管理组织结构及职能

根据1994年美国农业部改组法（The Department of Agriculture Reorganization Act），美国农业部下设七大农业行政管理部门：①自然资源与环境；②农场与海外服务；③乡村发展；④食品、营养与消费者服务；⑤食品安全；⑥研究、教育与经济；⑦营销与规范项目。其中，自然资源与环境部门是根据1994年改组法令新成立的部门，以加强对土地、平原、林业资源等自然资源的保养，可以看出美国政府的管理重点从强调生产到注重农业生产和自然资源与环境的和谐。

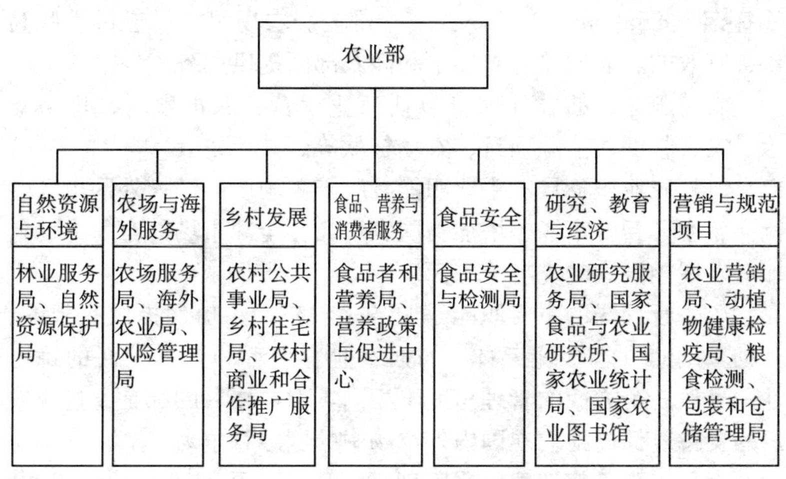

图7-1　美国农业部的组织结构图

美国农业部下设的七大部门，每个部门的职能都是独立的，其职能履行也不相同。现具体说明如下：

自然资源与环境（Natural Resources and Environment）。自然资源与环境部门是在1994年农业部改组法后新成立的职能部门，包括美国林业服务局（Forest Service）和自然资源保护局（Natural Resources Conservation Service）两大部门。

林业服务局的主要工作是照顾和管理美国的19.3亿亩的林地资源，通过森林和山脉实验站和森林产品实验室网络进行研究工作，为洲和私人的林业机构提供支持。

自然资源保护局成立于1935年，前身是土壤保护服务局，联邦授权它的职能是保护私人土地上的自然资源。现在它的内容扩大为保护所有的自然资源，以及确保私人土地被保护、恢复，从而更能适应环境变化。

农场与海外农业服务部门（Farm and Foreign Agricultural Services）。主要包括农场服务局（Farm Service Agency）、海外农业服务局（Foreign Agricultural Service）和风险管理局（Risk Management Agency）三个部门。农场服务局通过一些高效、有效的农业项目为农场主和涉农部门提供服务。

农场服务局的服务项目包括商业运营、保护项目、价格支持、灾害救助、能源项目、农场贷款等。

海外农业服务局的主要职能是改善美国产品进入外国市场的机会、创建新的市场、增加美国农产品在全球市场的竞争力、增加对发展中国家的支持等方面。

风险管理局的主要职能是服务于农户，给他们提供有效的、市场基础的风险管理工具，加强农业生产者和乡村社区的稳定性。虽然三个方面的管理角度不相同，但主要目的都是通过对农户的支持以提高他们在国内外市场中的国际竞争力。

食品、营养与消费者服务部门（Food, Nutrition, and Consumer Services）。该部门的主要职能是使美国人免于饥饿，提供给孩子和低收入人群食品以及更为健康的饮食和营养教育。包括食品和营养局（Food and Nutrition Service）、营养政策与推广中心（Center for Nutrition Policy and Promotion）两大部门。

食品和营养局的主要职能是提供给孩子和低收入人群食品和更为健康的饮食和营养教育，使美国人民免于饥饿。

营养政策与推广中心的主要任务是通过发展和推行膳食指导、食品政策，达到改善美国人民的健康和福利的目的。膳食指导还把科学研究和消费者的营养需求联系起来。

食品安全和检测部门（Food Safety and Inspection Service）。该部门单设食品安全与检测局，主要负责确保国家肉、蛋、奶类农产品是安全、健康的，并且被正确地包装和标志。

营销与规范部门（Marketing and Regulatory Programs）。主要由农业营销局（Agricultural Marketing Service），动植物健康检疫局（Animal and Plant Health Inspection Service），粮食检验、包装和仓储管理局（Grain Inspection Packers and Stockyards Administration）三个部门构成。

农业营销局。美国营销服务包括五类商品项目：牛奶、水果和蔬菜、家禽和种子、猪、棉花和烟草。这些项目给这些商品提供标准化、分级和市场信息服务。实施联邦法律如易腐农产品法令及联邦种子法等。AMS 商品项目也监督营销契约和订单、管理研究和促销项目、以及购买用于联邦项目实施的农产品。

粮食检验、包装和仓储管理局的主要使命是为家禽、猪、谷物、油菜子的营销提供便利，以及为了维护消费者和美国农业的整体利益，推进公平和竞争性的贸易实践活动。

动植物健康检疫局是多元化的组织机构，其任务包括保护和促进美国农业健康、规范基因工程有机体、管理动物福利法令和进行野外生物破坏管理活动。这些努力支持了 USDA 的整体任务，即保护和促进食品、农业、自然资源和相关领域。

乡村发展部门（Rural Development）。包括农村商业和合作推广服务局（Rural Business Cooperative Service）、农村住房局（Rural Housing Service）和农村公共事业局（Rural Utilities Service）三个部门。美国乡村发展局的主要任务是帮助改善农村人口的经济和生活质量。对重要的公共设施和服务（如供水和排水系统、住宅、医疗、能源等）提供支持，同时通过银行、信用行会及社区资金组织给企业提供贷款来促进经济发展。还对合作社的发展提供相应的技术支持。

农村商业和合作推广服务局。主要职能是通过建立竞争性的商业组织（如合作社）来繁荣整个市场，并且增强乡村人口的质量。主要是给农村地区的合作社和商业企业提供资金资源以及技术支持，通过建立公共系统和合作社的战略联盟或伙伴关系来产生工作机会，同时刺激乡村经济活动的展开。

农村住宅局的主要职能是改善乡村地区的生活质量。给一些弱势群体如单亲家庭、低收入者和老人等购买住宅提供资金支持，同时给农村公共部门提供办公场所等。

农村公共事业局主要职能是给农村地区提供电力、电话、垃圾处理等现代公共设施，扩大它们在农村地区的应用范围并保持技术的先进性，同时提供新的比较重要的技术（如远程教育和过程医疗等）。同时，还加强了与乡村合作社、非营利协会、公共团体等方面的合作。

研究、教育和经济部门（Research，Education，and Economics）。该部门的职能是通过研究、推广和教育提供先进、科学的农业相关知识。通过进行综合的研究、分析和教育，致力于创造一个安全、可持续、竞争性的食物和纤维系统，并推进青年的培养和发展。该部门由四个部门组成，分别是农业研究服务局（Agricultural Research Service）、国家食品和农业机构（National Institute of Food and Agriculture）、农业经济研究局（Economic Research Service）、国家农业统计局（National Agricultural Statistics Service）。

农业研究服务局是美国农业部的主要科研机构。该部门的主要职能是在国家层面开展关键性领域的农业科学研究服务，以及传播和评估相关的信息。具体内容包括：确保优质、安全的食物以及其他农产品的供应；评估美国人的营养需求；支持竞争性的农业经济；加强自然资源和环境基础以及为乡村个人、团体和社区等提供经济机会。该部门有大约 8 000 名雇员，其中包括 2 000名科学家，覆盖了广泛的领域。它有大概 1 200 个研究项目，服务于国家 100 个地区及海外 4 个实验室。

国家食品与农业研究所是在 2008 年食品、保护和能源法令的支持下成立的，前身是 1994 年成立的洲际研究、教育和推广局，2010 年 10 月重组为国家食品和农业研究所。它的职能是创造和发布涉及自然科学和社会科学的农业研究、经济分析、统计数据和知识。它的独特性在于通过支持赠地大学的研究、教育和扩展项目，来提供农业、环境、人类健康和福利、社区发展等方面的最新知识进展。它本身并不执行实际的研究、教育和推广职能，而是为它们的研究提供资金支持，并进行项目的管理。

国家农业图书馆主要职能是为科学家、教育工作者和农场主使用的计算机数据库提供技术信息和相关的项目资料。它还与州赠地大学和专业图书馆开展合作，构成一个全国性的资源网络。同时，它还是美国的国际农业信息系统服务中心。

国家农业统计局通过提供重要、可靠、及时、准确和客观的统计信息与服务，满足农业从业人员和乡村居民在决策时对农业和农村基本数据的需要。

（2）美国农业行政管理体制的特点

法制化。美国农业行政管理的典型性特点就是依法行政色彩较浓。美国农业部的设立，包括下设各个部门的创立，以及相应的权利和义务、履行职能的范围、机构的设立和改组、预算方案及实施、农业服务资金的运用等都是由法律给予相应规定的。总统和各个部门的农业部长只能在法律受权下开展各项工作。例如，根据1994年美国农业部改组法规定，授权农业部长设立自然资源与环境副部长一职，该职位由美国总统和议会任命。该法令还主张建立自然资源保护局取代原有的土壤保护服务局。根据该法令，自然资源保护局所赋予的管辖权包括以下一些法令所规定的权利：乡村环境保护项目（1970年法令）、大平原保护项目（1935年土壤保护和国内分配条例）、水岸条例、林业激励项目（1978年合作林业援助法令）以及1985年食品安全法令第七部分赋予的部分职能等。行政管理的法律化避免了农业职能履行的人治色彩，使职能的定位和绩效评价建立在有据可依的基础上，不但使农业行政管理部门的各项权能得到有效实施，也成为监督和约束各个部门行政职能履行情况的有效手段。

农业政策主要通过项目方式实施。美国农业行政管理体制的一个显著特点是农业政策的实施和管理都通过项目的方式来进行。采用项目管理方式，便于科学的规划和设计，可以有效控制项目实施中的各项成本和支出，使有限的资源发挥出较大的效力。也有利于进行科学的绩效评价。所以，农业部门下设各个部门中较常采用项目管理方式。美国农业行政管理体制另一个特点是采用财权和事权相结合的机制。美国农业部每年都要制定本年度的财务预算，根据各部门职能和需求情况把预算在各个部门之间进行科学的分配。由于美国农业行政管理体制采用这样的机制，从而有利于各项农业项目的顺利实施。例如美国营养政策与推广中心推行各类项目包括：食物和营养服务（Food and Nutrition Service）、新鲜的食品与蔬菜项目（Fresh Fruit & Vegetable Program）、农场妇女、婴幼儿和儿童营养项目（WIC Farmers' Market Nutrition Program）和全国学校午餐项目（National School Lunch Program，NSLP）等。

内容、范围丰富化和时代化。美国是世界上较为重视农业产业发展的发达国家之一，农业产业是美国经济发展和出口的主要产业之一。因此，美国非常重视农业产业对美国经济的提升作用，在农业政策上也体现出对农业的支持，而且近年来支持力度越来越大。在提升美国农业产业竞争力的同时，美国农业管理的范围也随着不同时期的需求不断进行修正，其管理重点还包括农业环境资源的保护和再利用、基础设施建设、粮食安全和农村区域发展等多方面。从维护粮食安全的职能来看，美国粮食安全的职能范围涉及多方面，不但注重粮食安全的数量保证，也强调食品安全中的质量需求，推广营养和食品安全的教育和实施项目，还加强了食品安全的检测和检疫职能。

管理手段的多样性。在对农业进行管理时，除了采用法律手段对职能加以界定和约束外，还注重金融、货币、财政、风险管理、宣传教育等多种手段的运用。例如在对农场支持方面，较为强调各种金融手段如贷款和财政贴息等方式的运用，如给处在收获季节的农户提供过渡性的营销贷款（用于贮存而不是为了销售），以免他们为了资金需要不得不在价格低的时候出售农产品。还包括设施贷款、贷款不足支付（Loan Deficiency Payment）以及营销损失支付（Market Loss Assistant Payment）等方面。当农户遭受自然灾害时，美国农业部通过实施联邦作物保险和未保险作物灾害补偿计划等一系列风险管理计划来减少农户所面临的损失。在食品营养和安全方面，农业部门还广泛采取宣传教育的方式。这些多样化手段的实施强化了农业部门在管理农业方面的效能。

注重预算和绩效管理。美国农业部每年都要发布绩效和财务报告（PAR），以对农业部门所取得的成绩和预算安排进行合理的监督、评价和约束，使管理方式更为科学化。实行绩效性管理方式的根据是在 1993 年颁布的政府绩效和效果法令（GPRA），这个法令及其随后颁布的一些法令规定了政府进行绩效评价的模式：首先制定一个五年战略计划，在五年计划中规定总体的战略目标及每年的具体目标和安排，然后由农业部门根据年初的计划安排各部门的预算和项目，在年终时发布当年的绩效和预算报告。该报告分为绩效管理的讨论和分析、每年的绩效报告、财务报告三个部分。财务报告主要涉及预算的实际支出、用于各种战略目标的资金分配以及财务绩效等方面。而绩效报告则根据专家制定的标准化的数据收集和评价方法以及总体和年度计划目标进行结果评价。例如 2010 年绩效考评情况就是根据 2010—2015 年战略的总体规划和年度具体目标（Budget Summary and Annual Performance Plan 2010）进行评价和总结的。这种科学的管理方式有助于提高农业行政管理的绩效，使政府的管理方式科学化、透明化和公开化，有利于减少实施中的成本和提高管理效率。

7.1.2 英国的农业行政管理体制

现有英国管理农业的主要机构是 2001 年 6 月改组成立的环境、食品及乡村事务部（Department for Environment，Food and Rural Affairs，DEFRA），其前身是 1955 年 4 月成立的农业、渔业和食品部（Ministry of Agriculture，Fisheries and Food）。它是英国发生手足口病时，当时的农业管理部门没有采取有效措施的背景下，为提高政府在应对环境变化方面的能力、提高英国农业的竞争力改组成立的。DEFRA 整合了过去的农业、渔业和食品部和环境、交通及区域部以及内务部的部分部门职能。2008 年 10 月，DEFRA 的气候团队和商业企业及规范改革部的能源团队整合，组成了新的能源和气候变化部门，把有关气候变化和能源的职能划归该部门所有。截至 2009 年 10 月，农业部有 1 万名员工。2010 年 11 月 8 日，英国首相发布了 DEFRA（2010—2015）的经营计划，经营计划包括部门展望、权力、结构变革计划和信息战略。2010 年作为该计划的起始年度，DEFRA 的组织机构和职能进行了相应的调整，调整的趋势是组织结构更富于弹性化和分权化，环境职能得到进一步重视，并贯穿于各个分部门的管理实践中。

(1) 英国的农业行政管理组织结构及职能

英国的管理机构是由监事会和管理委员会、各局和办公室构成。部长由首相任命，是内阁成员。部长全面领导和指挥部门工作。以部门职能范围内发生的事件为基础，对议会负有法律和政治上的责任。他决定部门内部运营的框架，对该部门在实现政府目标方面所应发挥的作用承诺，负责该部门领导的公共事务管理工作。

监事会（Supervisory Board）受农业部长领导，每个季度聚会一次。他们把各部门部长、秘书长、局长和其他官员，以及非执行机构的领导集合在一起，共同监控绩效以及合作部门执行政策情况。

管理委员会（DEFRA's Management Committee）由秘书长与各司局领导以及一些非执行机构的成员组成，成员 8 人，受秘书长的领导。管理委员会的主要职能是制定部门的战略计划，以及监督部门的日常运营情况。

管理委员会下设 7 个局和办公室。分别为秘书处（Secretariat）、绿色经济与公司服务局（Green Economy and Corporate Services）、法律事务局（Legal Group）、科学顾问官（Chief Scientific Advisor）、食品和农场局（Food and Farming Group）、环境及乡村发展局（Food and Farming Group）和政策及支持事业者之家（Policy and Support Career Home）。

绿色经济与公司服务局（Green Economy and Corporate Services）的主要职责是与企业部合作，发展创新和技术，与能源和气候部合作制定绿色经济策略。策略将详细说明政府应该提供的向绿色经济转型的经营和投资环境；通过碳预算和支持农业研究和发展减少环境对人类的冲击；减少环境对经济的冲击，例如通过指导和规范生产标准、污染和废物排放，鼓励可持续的发展和提高资源利用效率，以及明确决策所带来的环境影响等；提高环境应对性；与国际和欧盟合作，建立一个全球经济公平竞争的环境，减少绿色政策对英国企业的竞争性影响，以及通过国际合作支持环境和创新等。该部门的职能主要通过绿色经济项目、可持续发展项目、可持续消费和生活项目以及与其他部门合作实现。

法律事务局（Legal Group）是 DEFRA 的法律团队，处理 DEFRA 与法律有关的一系列事务。给农村支付署提供建议，通过政府法律局与政府间以及国际上的法律机构密切联系和合作。

科学顾问官（Chief Scientific Advisor）的主要职能是给部长们制定政策提供科学的建议；它们也致力于政府的科学工作，与其他部门合作，减少气候变化所带来的影响，改善可持续性。

食品和农场局（Food and Farming Group）致力于支持和发展英国的种植业，以及确保食品生产的可持续性。具体来说，主要从事以下领域的工作：改善食品和农村经营的竞争性和生产率，并取得较好的环境纯净；制订更简单、更绿色的共同农业政策；改革共同渔业政策，确保渔业存量的可持续性、促进渔业工业的繁荣以及营造更为健康的海洋环境；建立一个有效及高效的动物健康和福利机制；确保乡村信用机构提供有效的服务并进行审计监督等。

环境及乡村发展局（Food and Farming Group）。环境部分的主要职能为是加强对空气、水、生物多样性、土地和土壤、海洋环境等环境的管理，以保护环境和生物多样性。具体职能包括：发展自然经济白皮书、管理洪水、进行零排放废物日程；改革水产业，加强竞争和改善保护等。乡村发展的大部分工作是围绕农场、食品、环境保护、林业、风景管理、水资源、洪水和气候变化等农村问题展开，它也在保护农民、社区、企业利益方面起着广泛的作用。该部门和农业部投资的部门以及农村社区委员会和其他全国的、地区的、当地的政府一起紧密合作，通过确保政策的有效实施，从而维护乡村地区工作和生活的人员利益。它也负责监督英国农村发展项目（Rural Development Programme for England）的运行，从而支持农场主和林业生产者进行具有环境利益的土地管理实践，弥补他们的市场损失。

政策及支持事业者之家（Policy and Support Career Home）。DEFRA进行组织变革后，许多工作都采用项目或者计划的形式来进行，与此对应的个人岗位也不是固定的，一个人可能从事多种岗位，这就需要对个人的事业和所能从事的项目进行合理的规划。该部门主要从事的工作就是为工作人员提供有用的文件、职业发展机会及其相关的信息，促进个人发展，以适应组织变革的需要。根据DEFRA的商业计划（2011—2015年），该部门主要执行以下职能：①支持和发展英国农业和鼓励可持续食品生产。帮助加强整个食物链的竞争性和应变性，包括农业和渔业产业；帮助确保获得环境的可持续性和在动物福利改善条件下的健康的食品供应。②帮助加强环境和生产多样性建设。改善生活质量，加强和保护自然环境，包括生物多样性和海洋资源，减少污染、减少温室效应气体，以及防止动物栖息地的减少和退化。③支持更强和可持续的绿色经济，应对气候变化。帮助企业创新、投产和增长的条件，鼓励企业、个人、社区可持续地使用和管理资源；减少废物排放，致力于确保英国经济应对气候变革，加强乡村社区发展。④避免由于动植物疾病和浇水危机引起的环境风险。

（2）英国农业行政管理体制的特点

管理方式具有灵活性和适应性。英国的组织机构设置和管理方式较为特殊。受新的经营计划的影响，DEFRA的管理模式正由传统的、僵化的管理方式向新的、灵活性的方式演变。传统的行政的、集中性的管理机构将被跨部门的项目和程序管理方式取代，管理部门的业务将由四类活动构成：局内项目、委员会项目、正在进行的功能执行、独立性计划。局内项目、执行计划由局长负责，一些大规模的、风险性大的、比较重要的项目则由委员会负责。每个项目由各自的项目经理负责并向高级联系官汇报。管理委员会对项目绩效进行评价。所谓项目是一种临时性的、灵活性的组织形式，它把一些计划和活动进行联合，从而取得具体的成果，并获得共同利益。大多数项目是政策性项目，实施这些项目的目标在于取得一些经济、社会和环境改变。正在执行的功能项目则是为发挥农业管理部门职能，需要对企业运营提供一些必要条件的领域，如财务、人力资源、公共服务等。采用项目管理方式，可以减少农业部门管理的执行成本，提高部门内的人力资源使用效率，确保权力和资金被正确地分配和统筹，这种管理方式和绩效管理的结合有利于农业管理部门战略目标的实现。但是这种管理方式也对管理技能和协调提出了更高的要求。

管理内容较为注重环境和农村发展。食品安全事件的频繁发生，使英国的农业竞争力受到严重影响，为应对环境变化给农村经济带来的影响，英国农业管理部门在职能上加强了环境功能。作为欧盟的一员，英国和欧盟有着密切的联系。近年，欧盟正进行共同农业政策改革（CAP）。由于CAP的预算年度为7年，新一轮的CAP改革将在2012—2020年实现。这次农业政策的变革包括三个方面，其中一项就是乡村发展改革，主要包括提高农业竞争力、改善农村和环境以及改善农村社区的经济多样性和生活质量等。作为共同政策改革的一项计划，单一支付项目（Single Payment Scheme）将成为欧盟的主要补贴方式。在这种情况下，农户可以根据市场需求来自主决策种什么，因为补偿将不再根据生产，而是根据其对环境相容型土地实践所做的贡献来决定。欧盟的农业政策对英国的农业行政管理功能产生了巨大的影响，因此对相应的职能进行了调整。英国的DEFRA非常重视环境的作用和绩效，在新一轮的计划中指出："环境是我们社会和经济建设的自然基础。我们长期的繁荣、经济成功和生活质量通过我们的环境而得以加强。如果我们通过可持续方式使用和管理自然资产，它们将持续地不断满足我们的需要，例如能源、养料、矿物、新鲜用水、清洁空气以及肥沃的土壤，也满足我们未来一代的需要。”在各个部门的管理实践中，几乎所有的项目运营都建立在环境保护和生物多样性基础上，环境保护功能也贯穿于各个分部门的管理实践中。在管理上也注重对环境绩效的评价，不但在中央层次而且在地方政府部门的绩效评价中也引入环境绩效考评指标。在构成地方政府绩效评价的118项指标中，有10多项是与环境有关的。在新的战略经营计划中，环境保护和可持续发展理念几乎贯穿了农业部门的所有职能。

注重建立与各类团体的伙伴关系。英国非常注重与各类团体的配合和合作，称之为“合作伙伴网络（Network of Partners)”。DEFRA一些关键性的战略目标是通过该网络实现的。这个网络包括执行机构（Executive Agencies)、非政府部门机构(Non Departmental Public Bodies)、公营公司（Public Corporation）等。执行机构的管理和运营独立于DEFRA，它受农业部的领导，代表农业部长履行责任，因此与农业部门的关系较为密切。这些机构包括动物卫生署、农村支付署、兽药局等。公共团体不属于农业部，但在国家农业管理中发挥着重要作用。为保持公平性和正当性，团体成员的任命必须受公共任命的法令实践办公室的领导，包括英格兰自然署和环境署。公营公司主要提供农业领域公共事业服务，日常运营独立于农业部，但由于此类公司受政府委托也执行一些行政职能，所以必须接受农业部的监督和指导，其委员会成员由农业部长任命，但并不是政府的工作人员。如英国水路公司。英国农业管理部门还加强与地方、地区农业部门的合作。除了内部合作外，英国还与欧盟及一些环境保护国际性组织建立了广泛的合作交流关系。

7.1.3　日本的农业行政管理体制

日本的行政管理模式是以产业管理为主，即农业行政管理部门的内部机构设置偏重于产业。如日本农林水产省内设置了农蚕园艺局、畜产局、水产厅、林野厅、食粮厅等，这些机构分别对其各自的产业实施一体化管理。在这种模式下，农业预算的编制和执行，政策法律的制定和执行，相关的科研、推广、培训、检查、监督，对政府外围组织如特殊法人、许可法人、协会及社团组织及其领导人和经费的管理等，都以产业为主。

（1）日本农业行政管理机构及其职能配置

日本农业管理机构是日本农林水产省（The Ministry of Agriculture，Forestry and Fisheries of Japan），它是依据日本国家行政组织法和农林水产省设置法建立的。

内局。内局主要包括6个部门，分别为大臣官房、综合食料科、消费安全局、生产局、经营局、农村振兴局。

大臣官房是农林水产省的中枢机构，主要负责农业部内各项事务的综合协调及政策研究、财务和信息统计、人事、福利、环境保护、发展农业生产者协同组织及处理有关的国际事务等。

综合食料科主要负责制定保障食品安全的各项政策，保护优质安全的食品供应，制定农产品质量标准和规格，促进和改善饮料和油脂的生产、流通和消费，发展粮食批发市场等。

消费安全局主要负责保护消费者利益，实施消费者保护政策、建立农产品产地标志，食品卫生管理等。

生产局主要负责水稻、麦类、大豆、蔬菜、果树、米粒等农作物的生产管理，促进生态农业发展，加强农业生产的环境保护；管理肥料、农药、农业机械、饮料等的生产和流通，确保农产品安全等。

经营局主要负责联系农协、农业委员会等农民组织；鼓励妇女和老年农业劳动力参加农业生产；改善农业经营，稳定农业人数；推广普及农业生产新技术，提高农业生产者素质等方面的职能。

农村振兴局主要负责制定农村综合发展政策，加强农村建设，指导地方制订农业和农村发展计划，帮助偏远地区农村发展，管理农业土地，合理利用耕地；加强城乡联系和交流，促进观光农业和都市农业发展，加强和改善农村生活设施等。

外局。农林水产省有两个外局：林业厅、水产厅。

林业厅是主管林业的主要部门。它主要负责制度林业发展规划和政策；持续发展森林，确保林产品的稳定供给；加强林地基础设施建设；经营管理国有林业事业；保护林业资源，促进林业的综合利用等。

水产厅主管水产产业的工作。它的主要任务是制定水产业发展政策、保护和管理水产资源、制订水产业经营和养殖的规章制度、促进渔业可持续发展等。

其他机构设置。其他机构包括审议会、设施机关、地方分支机构和农林水产技术会议。

审议会。全称为农业生产资料审议会，其组织机构、主要工作、委员及其他职员的设置等都通过政令来明确。

设施机关（研究所）。设置了植物防疫所和动物检疫所。植物防疫所的主要工作：检查进出口植物，发现病虫害时及时封禁，并对病虫害进行调查研究；根据植物防疫法第 23 条第一款的规定，对病虫害的发生做出预警；在植物防疫法中明确有害动植物及防治规定，并对药剂和防治用具的保管做出规定。动物检疫所的主要工作：根据家畜传染病预防法的规定对进出口动物进行检查，并做出相应处理；根据狂犬病预防法的规定对进出口动物进行检查；根据传染病预防及传染病患者治疗法的规定对进出口动物进行检查，并作出相应处理；对进出口动物进行健康检查；负责动物生物学药剂和预防用具的保管、分配、转让和租借；受雇主委托，对动物及其相关物品进行检查和消毒。

农林水产技术会议。它是农业科研主管机构。主要职能是制订农业科技、食品、农业经营等方面的研究计划；联系国内相关的农业科研机构，加强与农林水产省的联系；指导农业科研机构的经营和业务等。

地方分支机构。包括地方农政局、地方农政事务所、植物防疫局和动物检验所等，是农林水产省在各地的派出机构。主要职能包括信息统计、动植物防疫、政策研究、农业调查和发行、技术推广等方面。

日本农林水产省对农业、渔业和林产品进行综合管理，管理范围覆盖生产到消费，农村发展，乡村居民的福利提供，取得稳定的食品供应，以及农业、渔业和林业的平稳发展等方面。

根据《农林水产省设置法》，日本农林水产省的主要执行 7 个方面的职能：①确保食品的稳定供给。在合理价格的基础上，稳定供应优质、安全的食物。确定适合的国内生产和进口比例来保证食品安全。②促进农业、林业和渔业各产业的可持续发展。保护耕地和水资源，合理利用土地及其他自然资源；保障农林水产业未来长期发展潜力，为农业可持续发展创造良好环境，保护和促进自然资源循环。③提高农业福利和收入。促进农民收入稳定，通过发展多种经营提高农民生活标准和水平。④推动农村社会、经济、文化建设全面发展。加强农村、渔村的基础设施建设，改善农业生产条件和农村生活质量。⑤充分发挥农业的多功能性。加强水土保持和养护，保护自然资源，维持自然景观；发挥农业对形成良好自然景色和文化继承的作用。⑥保护和培育森林资源，提高森林竞争力。⑦保护和管理渔业资源。

1999 年，日本政府修正了农业基本法，变更为食品、农业和乡村地区基本法（The Food，Agriculture and Rural Areas Basic Act)，该法令列出政府进行农业管理的 4 个基本任务：获得充足的食品供给、充分发挥农业的多功能性、鼓励农业可持续发展、支持农村发展。因此，这 4 个职能应该是政府实施管理的基本职能。由于近年来日本农业经营环境日益恶化，粮食自给率降低，因此，确保粮食自给是农业管理的最基本职能。

（2）日本农业行政管理体制的特点

日本的行政管理模式是以产业管理为主。日本农业行政管理部门的内部机构设置偏重于产业。如日本农林水产省内局设置了农蚕园艺局、畜产局、水产厅、林野厅、食粮厅等，这些机构分别对其各自的产业实施一体化管理。在这种模式下，农业预算的编制和执行，政策法律的制定和执行，相关的科研、推广、培训、检查、监督，对政府外围组织如特殊法人、许可法人、协会及社团组织及其领导人和经费的管理等，都以产业为主。这样在农业行政管理部门的内部结构上，就形成了不少的二级管理。如机构编制，日本农林水产省内的大臣官房有5个人管，但散落在其他机构如农蚕园艺局等主管此项工作的职员还有20人左右，在预算、政策研究等方面也是如此。

注重发挥农协在农业管理上的功能。日本的农业协同组织是在政府的支持下成立的，从它产生时起就和政府有着密切的联系。农协协助政府管理农业，成为政府政策实施和农户意见反馈的纽带。日本的基层农协大部分是综合农协，农协提供了农产品销售和购买、营农指导、金融、共济、文化传播等大部分职能，弥补了国家在管理农业方面的职能缺失。在促进大米流通和蔬菜等农产品流通方面，农协也起着较重要的作用。正因为如此，农协获得了政府在资金方面的支持，农协和政府之间结成了相互依赖、相互作用的关系。

行政管理法制化。日本是法制化色彩较浓的国家。日本以《农业基本法》为“母法”，制定了280多部配套的农业法律，已形成了比较完善的农业法律体系。日本农业法包括农业基本法、农业基础法、农用土地法、市场流通法、农业主体法、农业金融法、灾害保险法和质量检查法等。日本农业基本法以1961年《农业基本法》为基础，它规定了农业政策实施的基本框架和农业部门所应履行的职能。为了实现基本法所规定的目标，日本农业部门不断调整新的基本计划。2010年3月，新的基本计划又开始实行，它重新确定了到2020年，粮食自给的目标为供给水平的50%，它确定了通过三次产业的合作来促进农村经济发展的具体措施。随着农业政策的不断调整、法律的不断修正，政策管理农业的角色和职能也在不断变化。

7.2 发达国家农业行政管理体制的共同特点

发达国家农业管理机构的设置虽然各有不同，但在农业行政管理管理的改革方面，都是以适应市场发展的需要和农业生产的特点为导向。市场经济比较成熟的国家在建立和完善农业管理体制上具有一些共同的经验和做法，比如健全的法制、一体化的管理模式、较大的权力范围和较宽的管理领域、完善的服务等，这为我国农业行政管理体制改革提供了宝贵的经验。

7.2.1 较大的权力范围和较宽的管理权限

发达国家的农业行政管理部门是政府管理农业发展事务的最高权力和权威部门，拥有较大的管理权限，权力范围涉及几乎一切有关农业的事情。以美国为例，美国对农业的管理涉及关注农业事业发展、加强食物营养及改良、自然资源保护、农业技术研究等各个方面。此外，随着国内外的环境变化影响，发达国家农业管理体制的范围也逐渐放宽，从过去的单纯实现农业增长转向促进农村发展及保护环境、促进农业可持续发展方面。以英国为例，英国的农业部门在 2001 年进行了重组。这次变革的特点是将原属于环境、交通与区域部的环境保护团体、野生生物与乡村委员会、动物福利与狩猎业务统筹进来。这是为了适应经济和环境发展需要，实现环境可持续发展和乡村经济事务的整合，以应对新环境下农业生产的特殊要求。新农业部成立后所提出的乡村政策白皮书，以未来乡村与乡村社区的永续发展作为基本理念，提出新农业部与其他政府机关应采取整合思考的方式，共同推动永续发展和负责维粮食供应链的安全，并规划出不同层级的计划与目标体系，作为新农业部组织运作的蓝图。从发达国家的管理实践看，它们的管理权限的深度和广度要远远大于我国的农业部门，我国的管理思路还局限于单纯注重农业生产领域的传统观点，从而限制了农业部门与其他部门的有效结合。

7.2.2　农业行政管理的法制化

对农业进行法制化管理是发达国家通用的做法，这些法律为这些国家实施农业政策和管理提供了目标和准则。这些法律涉及农业生产的各个方面，包括农业预算、收入支持政策、农地制度、农业组织的设立及实施等。实施行政管理的法制化，有利于减少政策实施时的摩擦，使实施过程进一步透明化，为农业行政管理的实施提供了制度保障。以《农业调整法》为开端，经过半个多世纪的演化，美国已形成以农业法为基础和中心、100 多个重要法律相互配套的比较完善的农业法律体系。美国的法律内容涉及土地开发和利用、加强农业保护和支持、加强环境保护、农业投入和信贷支持等多方面，从而保证了农业生产和社会发展管理措施的有效实施。日本农林水产省以《农业基本法》为主干，分产业制定了几百部法律，包括《农地法》、《农业协调组合法》、《粮食管理法》《种子法》等，形成了适应市场经济要求的农业法律调控体系，对农业管理的各个方面都有严格的法律规定。此外，各国的农业法律管理都有一个显著特点，就是根据环境的变化而加以修改和完善，从而增加了实施行政管理的持续性。例如，受农业自由贸易趋势的影响，美国 1996 年通过了新的农业法案，新法案取消了目标价格的收入补贴制度，代之以过渡性的“农业市场过渡计划”，取消了对作物耕地面积的限制及对农产品储备计划等。美国实施新农业法的主要目的在于推动农业的市场化和贸易自由化进程，从而提高美国农业在市场上的竞争力。

7.2.3　统一的宏观调控及调控手段多样化

为实现农产品供求问题的平衡，发达国家十分注重宏观调控作用的发挥。实现宏观调控的目的主要在以下两方面：其一实现社会总供求的部门及产业发展的平衡；其二实现农业生产的发展和农民收入水平的增加。日本实施依据产业进行宏观经济管理的模式，农林水产省下设林野厅、水产厅和粮食厅三个部门负责产业管理，但为了实现部门的综合管理，还在这三个部门设立了经济局、畜牧局和结构改善局等多个部门（内局），负责各个产业的综合管理，而这些内局又受农林水产省的统一领导，从而保证了政府宏观调控的有效实施。除此之外，多样化的调控方式和调控手段相结合，也保证了农业管理的效果。发达国家对农业进行调控的主要手段包括：①经济手段。这是有关国家农业行政管理部门调控农业的最重要和主要手段。经济手段包括财政、金融、税收、价格、储备、进出口等多方面。②法律手段。法律手段具有强制性、普遍性、稳定性和规范性等特点，对规范农业经济活动主体的行为具有不可替代的作用，因此，各国在调控农业时都非常重视法律手段的运用。③行政手段。行政手段主要是通过制定和发布政策、命令、指示以及人事任免等方式，对农业经济活动主体进行直接干预和控制。④宣传教育手段。即通过新闻媒体、游说等宣传教育方法，为农业宏观调控服务。

7.2.4 产业关联管理模式

国外发达国家对农业的管理实行产业关联模式管理，管理农业的纵向范围较为深入。政府的农业行政管理部门除了管理农产品生产过程这一环节即“产中”环节外，还管理为农产品生产提供生产资料的“产前”环节和农产品加工、储存、运输、销售、质量及卫生检查监督、消费指导服务等“产后”环节。也就是说，农业行政部门的管理范围，包括了整个农产品生产的产业链。对农业实行产前、产中和产后的一体化管理，是发达国家农业行政管理体制设置模式的实质内容，把农业的产前、产中和产后诸环节作为一个有机整体来管理，是发达国家农业行政管理体制设置模式的根本特征。对农业实行产业关联管理有助于各产业之间的关系协调，也有助于提高农业产业总体运营的效率。

7.2.5　注重与非政府农业服务机构的合作

为提高农业管理的效率，发达国家还注意与非政府组织的合作与交流。在这些国家，都非常注重发挥行业协会、农会、合作社等在农业领域的协调作用。美国农业部各部门机构在执行各自职能时，还非常重视与乡村合作社、非营利协会、公共团体、私有公司等方面的合作。日本的农协团体与政府农业管理部门的关系尤为密切，农协是政府实施农产品价格支持和流通政策的主要渠道。英国农业管理部门也非常重视与非政府农业服务机构的交流与合作，它们称之为“合作伙伴网络”，包括执行机构、非政府部门机构、公共团体等，这些机构在推广政府农业政策时起到非常重要的作用。非政府机构在沟通政府与生产者和消费者方面，在价格改善、提高市场竞争力、技术推广和服务等环节或领域提供各种各样的服务，这对于缓解政府在农业行政管理方面的压力、减少政策实施的成本以及政府的有效实施都起到重要的作用。实践证明，这些非政府机构是政府的农业行政管理部门管理好农业所不可缺少的。因此，有关国家的农业行政管理部门在处理与非政府机构的关系时，与涉农的非政府机构保持积极密切合作。这些国家大都保持着支持农业合作社的传统：一方面，通过合作社法人的形式确立合作社的法人地位；另一方面，对农业合作社给予信贷、税收等方面的支持，营造良好的制度环境，搞好对合作社的服务。

7.2.6　坚持服务理念

从发达国家的农业行政管理实践来看，这些国家更注重为农业生产的服务。比如美国的农业部成立的主旨就是为了给农场主提供有效的生产服务以及给消费者提供膳食改善和营养服务。这些围绕农业产业的服务侧重于产前和产后的科技、信息服务，以及促进农业和国家经济、环境的持续发展。而在产中的服务则主要由一些非政府组织加以完成。政府的主要职责是搞好对这些农民组织的服务。政府服务和管理的职能范围主要界定在市场和一些组织不能发挥作用的场合。值得注意的是，为了在实际工作中落实服务理念，发达国家的农业管理部门对各个职能部门的规定非常清晰具体。为提高服务效能，发达国家的农业管理部门还非常注重对自己职能完成情况的考核，并设有专门对自身进行考核的部门。比如美国农业部设有总监察长、日本农林水产省设有管理提升局。这些部门的设置使为农服务质量和数量有了较明确的保证。

7.3 国外农业行政管理体制的变革趋势分析——以美国为例

7.3.1 在管理内容上更加注重环境保护和食品安全

根据美国农业部 2011—2015 年战略计划布置，未来五年内农业部的主要职能表现为以下几个方面：①支持农村社区发展，从而使它们能够实现独立自主、繁衍以及走向繁荣。主要措施包括增加宽带使用范围；支持新能源发展；支持地区农业系统发展，如发展合作社、鼓励销售、建设基础设施等；加强农业管理，减少温室气体排放；为农户提供金融支持，以提高农产品竞争力等。②确保森林资源、私有土地资源被保有、保存，以及更能适应气候变化，同时增加水资源保有量。③为了促进食品安全，确保美国农业生产增长和扩大生物技术出口。主要内容包括发展农业技术、增加农产品产量，增加食物不安全地区的农业产量等。④确保美国的孩子能够获得安全、营养和平衡的饮食。从以上对未来美国农业行政管理职能的情况介绍中可以看出，美国农业部的职能并不是固定不变的，而是随着环境的变化而在进行不断地修正。作为2002年农业法的继续，美国的《2008农场法令》规定美国将增加在资源保护、新能源投入以及粮食安全及营养等农业政策方面的投入。其目的在于保护农业自然资源和环境、构建更为合理的农民收入安全网、提供给农户安全营养的食物以及确保能源供应。按照美国农业部成本预算办公室（CBO）的估计，美国新农业法的强制性实施成本为284亿美元（2008—2012财政年度）和604亿美元（2008—2017财政年度）。从表7-1和图7-2可以看出，新农业法中营养所占比例最高(2/3)，其次为自然资源保护和作物保险。与2002年农业法相比，新农业法增加了在营养和自然环境保护和作物保险等方面的投入，如新法自然资源保护项目增加了4亿元的投入额度。在粮食安全成为世界主题的时候，美国在实现粮食安全的措施上更具有独特性。美国政府不但采用各种手段提高粮食生产安全，也更加强调食品安全中的质量需求，推广营养和食品安全的教育和实施项目，以及对贫困及低收入者、儿童的营养和食物供给等。近几年美国农业部大幅度增加了对食品营养方面的投入（主要是食品券），而且在新农业法中还增加了对新鲜蔬菜、水果以及有机蔬菜的支持力度，以确立健康消费理念、推广合理而健康的膳食消费结构。

能源投入虽然只占很小部分，但与2002—2007财政年度相比，其增加的额度是较大的，而且美国出于能源自保的政治考虑，生物能源的持续增加是将来的发展趋势，现今美国玉米总产量的1/3左右被用于能源生产。

表7-1　美国2008年新农业法预算成本估算（2008—2012年）

序列	类别	预算成本（亿美元）	所占比例（%）
1	营养	188.9	66.5
2	商品	41.6	14.6
3	自然资源保护	24.1	8.5
4	作物保险	21.9	7.7

（续）

序列	类别	预算成本（亿美元）	所占比例（%）
5	能源	0.643	0.2
6	灾害支持	3.8	1.3
7	其他	3.0	1.1

资料来源：美国议会研究服务所（CRS）报告《新法令实际的花费与成本估计》，基于美国农业部成本预算办公室的估算。

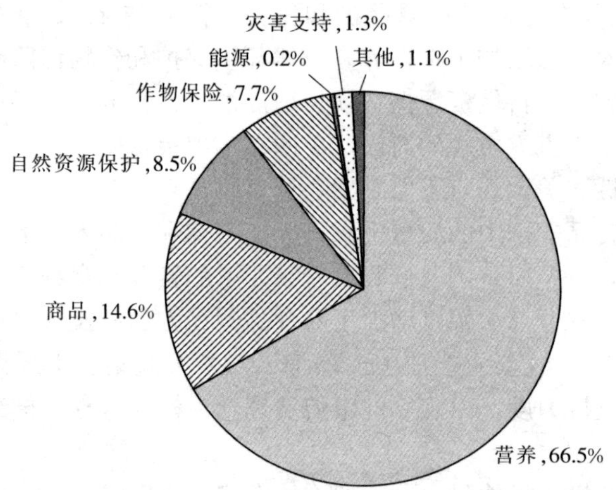

图 7－2　美国 2008 年新农业法各类项目成本估算比例

资料来源：USDA 经济研究服务机构用议会预算办公室提供的数据整理。

7.3.2　构建更为安全和合理的农业收入和价格支持网络

美国是世界上较为重视农业产业发展的发达国家之一。农业产业是美国经济发展和出口的主要产业之一。2008 年 10 月美国发生金融危机后，经济持续低迷，农业已经成为恢复经济和缓解就业压力的有力保障。从历史年份来看，美国一直是净进口国，但从出口产业结构的构成上看，农业却是农业净出口产业。美国是世界上最大的大豆和玉米出口国以及牛肉出口国。美国非常重视农业产业对美国经济的提升作用，在农业政策上也体现出对农业的支持，尤其是近年来支持力度越来越大。实际上美国政策并不是一贯性地对农业实行较大力度地支持，早期的（1996 年）美国农业法是要逐步实行弹性的、灵活的农业政策，目的是想通过政策引导减少政府对农业的补贴，使农业逐步走向市场化。但是《2002 年农业法》新法出台后，农业政策发生了变化，政府对农业的干预性和支持力度加强，而且 2008 年开始实施的新农业法进一步加强了支持力度和支持范围。这种变化实际上和国际上粮食安全的总体趋势、美国经济现状，以及美国农业在产业经济中的地位相适应。2008 年新农业法延续了 2002 年农业法收入和价格支持的总体框架，但是在支持方式和结构上进行了新的调整，并且对于部分商品的目标价格和贷款利率也进行了相应的调整。如在商品程序中引入了新的以收入支持为基础的作物平均收入选择（ACRE）程序，从而减少了在商品程序上的预算投入，并相应增加了作物保险投入和追加新的灾害补助等。虽然从总体上看，未来年度商品投入总额和过去年度相比总额下降，但由于引入新的基于收入的支持项目（属于“绿箱”政策），减少了美国过去实行以价格支持为主导所造成的价格扭曲，不但可以缓解被国际组织质疑的压力，也可以减少美国预算支出，在美国预算赤字和财政吃紧的状态下尤其必要。而且新的农业法虽然在总额上支持力度减少，但是在结构和范围上进行了调整。如蔬菜、水果、坚果等传统上由市场化运作的项目也被加入进来，在反周期贷款和市场营销贷款中部分商品的目标价格和贷款利率也相应提高。所以从总体来说，新的农业法试图在保持预算中立的情况下，构造更为市场化和覆盖面较广的农场收入安全网络（Farm Safety Net）。收入安全网络（表 7－2）在支持美国农业发展，促进收入稳定方面将继续发挥重要的作用。从图 7－3 可以看出，美国农户净收入总体趋势近些年是持续增加，但是年度波动较大。政府的收入支持额度从总体来看是呈稳定上升趋势的，尤其是从2007年到现在基本上持平衡态势，这也反映出政府实行这一支持的立场——稳定农户的收入、减少市场价格的波动。总之，美国政府依然对农户和农业发展给予较多的支持，并且调控手段日益市场化，这对于促进国内农业发展和提升国际竞争力将起着重要作用，这些新政策对于像我国这样的农业大国将形成较大的竞争压力。

表7-2　农场收入安全网络构成（根据2008年农业法令）

农场收入安全网络	商品程序	反周期支付
		直接补贴
		农作物平均支付选择
		市场营销贷款
	风险管理	作物保险
		未保险作物灾难救助
	灾难救助	动植物灾害补助

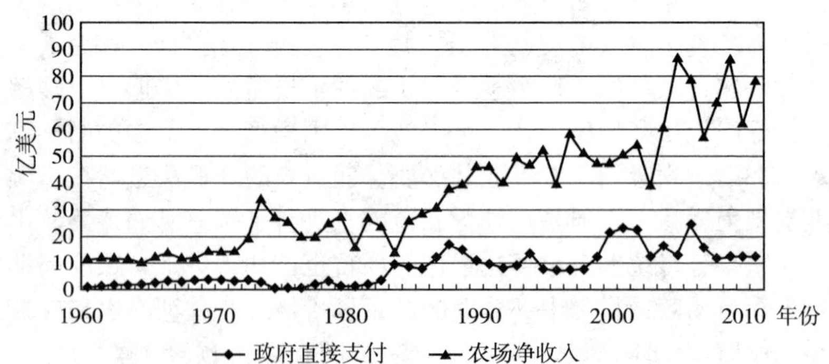

图7-3　美国农场净收入和政府直接支付（1960—2010年）

资料来源：美国农业部网站 http：//www. ers. usda. gov/briefing/farmincome/data，其中2010年数据为预测数据。

7.3.3 行政管理体制的分权化、公共服务的市场化导向和契约管理

无论在农业领域还是在其他领域，政府管理一直以来都被认为是低效率的。根据FAO总结的各国农业行政管理的经验，得出以下结论：①政府直接涉入农业或其他部分被认为是无效率的；②在政府直接管理的模式下，资源分配主要是基于政策上的考虑；③政府减少和纠正市场失灵上的能力是有限的，因为政府行政的目的主要从公平的角度加以考虑。基于以下原因，FAO认为尽可能多地让私人和非营利企业参与农业管理可以提高政府管理效率。从20世纪90年代开始，美国开始了“新公共管理”运动，这个理念是美国的管理学者奥斯本（Osborne）和盖博乐（Gaebler）在《管理再塑》一书中提出的。主要的思想是在政府管理中引入企业管理机制，从而提高管理效率。受这种思潮和理念影响，美国的农业行政管理体制发生了变革，主要趋势有两个：私有化（Privation）和权力分散化（Devolution or Decenttralization）。它们被认为是促进美国政府加强管理效率的有效手段，已经成为美国行政管理体制变革和发展的趋势（Savas，2000）。所谓分权化是指行政管理权力和财权从联邦政府一级转移到州及地区一级，而私有化则是当地政府通过契约把部分公共服务职能让渡给私人部门，引进市场化管理。实行分权化的原因在于农产品生产具有地域上的多样性和季节性，而实行联邦制的统一管理则无法满足这种需求。授权地方政府进行管理则更能够贴近当地农户的偏好，提供更多的福利，经济上也较为合算（Craig等，2004）。分权化的主要方式是由联邦政府将部分项目以授权和资金支持的形式下放给州或地方政府，目前这些项目主要集中于自然资源和保护，研究、教育和推广以及乡村发展、食品安全等方面。例如农业部社区食品安全机构的主要职责是“帮助非营利团体、信托组织、州和地方政府机构、团体和个人去战

胜饥饿、改善营养、加强地方食品系统以及帮助低收入人群自给自足。”这个项目主要是针对地方政府的，因此只要地方政府认为可以促进地区食品安全的项目就可以向这个机构提出授权和申请，得到资助并加以实施。

在当地政府管理中，农村公共服务除了政府外，私人企业、非营利团体和其他政府组织也成为当地公共服务的提供者。农村公共服务私有化是政府政策推动的结果，通过授权企业社区项目和新市场法令等项目的实行，当地政府被鼓励实行公共服务企业化改制，并通过契约对它们实施管理。在这种形式下，政府的主要职能是制订、监督和实施契约。从 1982 年开始，ICMA（International City County Management Association）以五年一周期对当地政府及其他公共服务组织进行调查，调查类别主要包括政府公共服务、政府间合作、营营性私人企业、非营利性组织等。最近的一次调查为 2002—2007 年。调查结果显示，2007 年农村公共服务的主要提供者为政府（60%）、政府间合作（16%）及私人企业（15%）。而且这个周期（2002—2007）和上个周期（2002—2007）在趋势上存在不同。上个周期政府提供的公共服务占比例上升较快，而政府间合作和私人企业所占比例下降。这个周期却表现为相反的趋势，政府提供的服务上降，而政府间合作和私人企业提供的服务比例也在上升。这种趋势表明，在美国农业管理部门面临趋紧的资金压力下，私有化和当地政府之间实行合作管理已成为政府实施公共管理的主要替代模式。

总之，美国的农业行政管理体制具有较强的法制化和科学管理的特点。其管理方式迫于国内外压力也发生变化，逐渐向减少市场扭曲和更为公平的方向演变。但是美国农业政策依然保持着一贯性，即对农户提供较大的支持。因此，研究美国农业行政管理体制的变革趋势及特点，对于我国农业行政管理体制的改革和创新都具有较强的借鉴意义。

7.4 发达国家农业行政管理体制建设对我国的启示

发达国家的农业行政管理体制的建立是实现农业现代化的基础。我国处在由传统农业向现代农业、计划经济向市场经济的转换过程，学习和总结发达国家的经验，能够为我国的农业行政管理体制改革提供思路和方向。

7.4.1 强化农业管理部门的纵向管理与横向管理

从各国的发展看，农业的横向管理和纵向管理趋势加强。从横向上看，农业生产发展已经与农村乡村发展相结合，农业管理的范围进一步拓宽。另一方面，农业与其他产业部门的关联性也在加强，农业的管理深度也在进一步深化。从我国的发展来看，在对农业的管理上还存在着单一生产管理的特点，农业部门的权力小，职责行使力度不强，这就无法为现代农业的制度建设提供保证。目前我国应对农业管理体制做出较大调整，把一些现在属于其他管理部门但实际上应属于农业管理的管理职能归还给农业管理部门。一方面，对现在农业部门与其他部门（如林业、渔业、农村发展）的资源进行整合，提升农业部门在预算管理、进出口管理、税收管理等方面的权限；另一方面，正确处理综合管理部门和农业行业主管部门的关系。综合管理部门应该从国民经济全局的角度统筹协调农业与其他产业的关系，不再直接管理与农业产业相关联的业务，农业行业主管部门则充分承担应有的行业统一的行政管理职能任务。从纵向管理来看，上述国家的中央政府农业管理部门与地方政府农业管理部门之间的权限有明确的划分，地方政府农业机构的设置和工作职能是根据各自的需要进行的，不需要与中央政府对应，职能也有所不同，但是工作是密切配合的。

7.4.2 构建完善的法制环境

目前，我国农业法制建设的重点在以下三个方面：一是清理修改与WTO规则不一致的法律法规；二是制定适应市场经济和应对WTO需要的农业（食品）类法律法规；三是建立由贸易冲突所引致的投诉机制，形成透明的、公正的农业法治工作体系。在由计划经济向市场经济转轨的过程中，由于情况发生了变化，以前适用的一些法律法规已经不能适应变化了的情况需要进行必要的修改；有些地方政府制定的一些行政法规，带有明显的保护地方利益、部门利益和垄断利益的特征，直接导致市场分割、区域性垄断和不公平竞争；不少行政规章政出多门，缺乏统一性，使公众和企业难以适从；受传统行政管理思维的影响，重内部文件、轻法律法规的倾向仍很严重，造成了事实上的法律不透明。所有的这些问题都必须通过建立由贸易冲突所引致的投诉机制，形成透明的、公正的农业法治工作体系来加以解决。

7.4.3 完善管理手段

在新的历史条件下，由于在农业发展过程中政府角色的转变（由既是运动员又是裁判员转变为纯裁判员），以前计划经济条件下通用的以计划为主的管理手段由于不能充分的调动农民的生产积极性、侵犯农民作为市场主体地位，而不能很好地适应农业管理变化的需要，因此，政府对农业的管理绝对不能再沿用计划经济条件下通用的以计划为主的管理手段，而应在保证能够充分履行政府管理农业职能的基础上，进行管理手段的创新，采用与市场经济相适应的手段，即经济手段和法律手段特别是灵活的经济手段来管理农业。只有这样，才能够有效地适应新的农业发展时期对农业管理的客观要求。这些手段总结起来主要有政策引导、典型示范、服务导向、协调规范。

7.4.4　发挥非政府部门在农业领域的效率优势

从发达国家对农业公共管理的发展趋势上看，减少政府部门在农业领域的涉入，鼓励非政府部门对农业管理领域的渗入是发展方向。在农业公共管理领域，为降低政府的管理成本，提高管理效率，可以引入私人机构，政府可以以授权、项目管理、形成伙伴关系等方式结合成有效的管理模式。应该大力发展民间合作经济组织，因为民间合作经济组织的存在可以减少政府管理农户的交易成本；应该鼓励行会等民间自律组织的发展，它可以减少政府的管理成本。为形成非政府组织在农业管理上的激励，政府部门可以在政策上适当加以倾斜。

7.4.5　加快现代农业管理体制人才建设

发达国家的农业管理之所以能有效运行，不仅与其管理体制有关，也与它们拥有一大批优秀专门人才有关。日本农林水产省很重视本系统职员的在岗培训，在这方面制定了详细计划并作出了硬性要求，而且每年还向市场经济发达国家如美国、澳大利亚等国派出具有发展潜力的年轻人进修学习。在世界经济一体化的大背景下，我国农业管理部门急需培养、补充一些不仅懂农业技术，而且懂管理、会经营，具有广阔视野的人才和专家队伍。这样才能与发达国家的农业管理部门开展高水平竞争。

7.5　本章小结

世界各国在现代农业发展的过程中由于自然条件、社会制度、经济发展水平的不同而采取了不同的现代化路径。但无论采取哪种方式，在其中都能找到许多共性的东西。尤其是在农业管理方式上，虽然各国农业管理体制的设置各有不同，但在农业行政管理管理的改革方面，都以适应市场发展的需要和农业生产的特点为导向。本章分析了美国、英国、日本的农业管理体制职能调整和机构设置的基本情况，总结了各自管理特点。并从中总结出一些具有共性的规律，表现为较大的权力范围和较宽的管理权限、农业行政管理的法制化、统一的宏观调控及调控手段多样化、产业关联管理模式、注重与非政府农业服务机构的合作、坚持服务理念等。当前我国农业管理还存在着相当多的问题，成为发展现代农业的一大掣肘。他山之石可以攻玉，发达国家农业管理的经验为我国农业管理改革提供了新的思路。

第八章　我国农业行政管理体制转型设计

8.1　农业行政管理体制改革的目标、指导思想与原则

8.1.1　改革目标

进一步转变政府职能，改进管理方式，提高行政效率，降低行政成本，形成行为规范、运转协调、公正透明、廉洁高效的行政管理体制，是中共十六大在政治文明建设和行政管理体制改革方面提出的改革目标之一。从中共十六大规定的改革目标和入世后我国面临的新形势出发，中国政府行政管理体制的目标就是要把政府建设成为有限政府、法制政府、效率政府、服务政府和信用政府，逐步建立起办事高效、运转协调、行为规范、适应社会主义市场经济体制的行政管理体制。2008 年 2 月党的第十七届中央委员会二次会议上提出：深化行政管理体制改革的总体目标是，到 2020 年建立起比较完善的中国特色社会主义行政管理体制。通过改革，实现政府职能向创造良好发展环境、提供优质公共服务、维护社会公平正义的根本转变，实现政府组织机构及人员编制向科学化、规范化、法制化的根本转变，实现行政运行机制和政府管理方式向规范有序、公开透明、便民高效的根本转变，建设人民满意的政府。要加快政府职能转变，深化政府机构改革，加强依法行政和制度建设，为实现深化行政管理体制改革的总体目标打下坚实基础。

在我国建设现代农业的新形势下，重构适应社会主义市场经济的、配置合理、运行有效、服务有力的农业行政管理部门是必

不可少的制度选择。我国农业行政管理体制创新的总体目标是：建立办事高效、运转协调、行为规范、适应社会主义市场经济要求和现代农业发展需要的新型行政管理体制，以及形成与之配套的科学运行机制。

具体来说，创新我国农业行政管理体制，就是要达到以下目标：一是职能创新。要以转变政府职能为重点，按照政企分开、政事分开、政府与市场中介组织分开、政资分开的原则，合理界定政府与市场角色，实现政府职能向经济调节、制度建设、法制监管和公共服务上来。二是组织结构创新。按照精简、统一、效能的原则，适当整合和调解职能，通过目标管理模式，优化政府职能部门管理和服务效率。三是管理方式创新。使政府部门的意识形态与农户需求与市场需求接轨，实行经济、行政、法律多元化的管理方法的应用，按照依法行政的要求，提高综合执法水平。

8.1.2 指导思想

农业行政管理机构改革的指导思想是：以党的十六大和十届人大会议精神为指导，认真总结新中国成立以来特别是改革开放以来机构改革的经验教训，积极引进和借鉴国内外体制改革的先进经验和做法，切实注重在如何有利于调整农业生产力和生产关系，提高农业组织化、产业化和现代化程度，创新农业行政管理体制和机制，优化资源配置，增强市场竞争能力，促进农业产业协调发展等方面，深化农业行政机构与制度改革，进一步调整工作职能，改革管理内容、管理体制和方式，建立组织管理职能完善配套、统一协调、精干高效的农业行政管理新体系。

8.1.3 基本原则

（1）促进农业生产力发展与生产关系调整相适应的原则

马克思认为，生产力的发展是社会变迁和历史发展的终极原因。改革是为了改变生产关系中与生产力发展不相适应的地方，促进生产关系与生产力这对矛盾运动的协调与统一，进一步解放和发展生产力，从而推动社会的进步。农业行政管理体制的改革，是进一步理顺上层建筑中与农业及农村经济发展不相适应的地方，达到生产关系与农业生产力发展的协调与统一，促进农业生产力的发展。现有的改革应以现代农业为背景。

（2）有效促进农业产业各环节的协调与统一原则

农业产业按其功能划分为生产、加工、流通与消费环节，即所谓的产前、产中、产后环节。农业产业各个环节的依存性强、关联度大，而且环环相扣，紧密相连，形成一个统一的不可分割的产业链。农业的整体效益，应是农业产业各环节效益的实现，农业经济的发展，必须保证农业产业各个环节的协调运行。因此，农业行政管理机构，要能按照农业产业发展的要求，对农业产业各个环节实行有效管理，实现农业产业内部运行的协调与统一。

（3）促进农业和农村综合发展的原则

农业、农村和农民问题，是一个相互关联的有机统一体。农业是农村工作的基础，发展农业与农村经济，是解决农民问题的关键所在。因此，政府必须有一个机构对农业与农村工作实行统一管理，指导农业与农村经济的协调发展，有效地解决农业、农村和农民问题。

（4）城乡统筹，城乡协调发展的原则

党的十六大提出全面建设小康社会的目标，农村是小康建设的关键所在，农村的发展必须借助城市发展的带动，实现城乡统筹，协调发展。农业行政管理机构，要能对整个农业与农村工作实行宏观管理，综合协调。随着农村城镇化的进一步推进，农业行政机构管理的领域应涵盖农业与农村经济发展的各个层面。

（5）统一协调、精干高效原则

农业行政管理是一项系统工程，农业行政管理机构应实现内部的科学管理和协调统一。农业行政管理机构改革的目标，是要进一步优化结构，增强活力，提高行政效率，降低行政成本，建立办事高效、运转协调、行为规范的农业行政管理体系。

(6) 依法行政，管理科学的原则

实施依法治国方略，规范行政行为，都要求加强农业立法，加大执法力度，健全执法队伍，提高政府依法行政的水平。要推进决策民主化、科学化的进程，增强政策的公开透明程度，建立健全权力运行的有效监督机制，防止和减少“政府失灵”现象。

(7) 加强农业管理服务的系统建设

发挥市场机制在资源配置中的基础性作用，离不开完善的市场体系。必须抓紧建立健全执法监督体系、支持保护体系、质量标准体系、检测认证体系、市场信息体系、推广服务体系，加强政府从产前到产中、产后，从政策到投入的公共服务与支持保护。

8.2 农业行政管理体制改革的设想与构建

8.2.1 我国农业行政管理的理念转型

中共十六大在政治文明建设和行政管理体制改革方面提出要进一步转变政府职能，改进管理方式，提高行政效率，降低行政成本，形成行为规范、运转协调、公正透明、廉洁高效的行政管理体制。我国现有的农业行政管理体制沿袭了计划经济时代的色彩，政府相当程度上扮演着一种管制型、全能政府的角色。虽然随着社会主义市场经济体制的改革和政府职能的调整，农业行政管理理念发生了一些变化，但政府和管理人员的意识形态还没有摆脱传统观念的束缚。

(1) 政府价值观的变革

现代政府的价值理念包含了政府及其公务人员对于政府自身性质的认知以及对于其基本目标的追求。现代民主政治理论的重要思想代表卢梭认为，政府执掌社会公共权力的性质纯属一种委托关系，基于这种委托，政府只有义务而没有权利。政府基于被委托的权力，根据受托者的意志、愿望和要求，实施社会所必需的公共管理，以维系社会的稳定，保障公民的权利，促进社会的发展。具体来说，现代政府的价值理念强调如下三个方面的意识：①公共性权力的角色意识。恩格斯在其名著《家庭、私有制和国家的起源》中称国家的本质特征是公共权力，这一点我们过去并未引起足够的重视。所谓公共性，主要是指政府应代表社会成员的公共利益，维护社会的公平与正义。政府作为公共权力的代表者，应从全社会和全体人民利益的视角来制定公共政策，确立管理目标，实施其宏观管理。②提供公共物品的意识。政府作为社会的公共权力，有责任向社会提供基本的公共物品。现在我们强调建设服务型政府，而服务型政府最为基本的特征和职能就是为社会提供必要的公共物品。所谓公共物品，一般是指那种为市场所需但私人部门不愿提供的物品。一般来说应是投资大、回收期长、微利或私人部门无法提供的产品。③改善公共管理效率的意识。近年来，管理效能已经与政府的公信力和执政能力紧密结合在一起。政府本质上是人民的政府，是代表全体人民的意志。政府管理能力的强弱、效率的大小要受人民的监督。从 20 世纪 90 看代开始，美国等一些国家就开始了公共管理运动，其核心以提高政府管理效率为核心。我国正处在建设现代农业的过渡时期，生产关系的变革必须和生产需求相适应，建立高效运转的农业行政管理体制也是时代所需。

（2）建立农业行政管理体制改革的新理念

我国农业行政管理体制转型，必须适应社会发展要求，确立新的治理典范和方式。新治理典范的确立，需要实现以下方面的变革：第一，从管理和控制导向的管理到服务导向的管理。传统的行政理念是“政府中心主义”，它简单地将管理方与被管理方对立起来，以为双方只是管制与服从的关系。受这种观念影响，在传统的体制下，政府扮演了更多的管理者、监督者、控制者的角色，而为市场和民众提供公共服务的观念逐渐被淡化。这种传统观念僵化了农业行政管理部门的意识形态，虽然简化了管理方法，但已经和发展中的市场经济体制不相适应，也使政府在公众中的公信力下降。在发达的市场经济条件下，政府应由全能型政府向有限型政府转变。合理界定与市场、第三方组织、农户等的角色。适当缩小管理权限，明确管理职能，把政府的主要职责转变宏观调控、市场监管、社会管理和公共服务，从而避免在政府管理中的“越位”、“错位”、“缺位”问题。凡是公民、法人和其他组织能够自主解决的，市场竞争机构能够调节的，行业组织或者中介机构通过自律能够解决的事项，行政机关不要通过行政管理去解决。应落实政府在提供“三农”公共服务方面的职能，增加在环境保护、信息和技术服务以及农产品质量检测方面的服务范围。

第二，从封闭型政府向公开透明政府转型。在传统的管理体制下，政府的信息是不公开的，而政府所下的各项决策，公众也是事后才知道。这种封闭神秘型的政府反对公众参与，反对公众反馈，不但降低了政策实施的效果，也与社会主义国家所提倡的民主管理方式相背离。信息不公开，权力缺乏监督，也是腐败和寻租行为滋生的温床。在现代社会下，应提倡公开透明型的管理方式。首先，实行政府决策的公开。政府管理决策的最终受体是公众，他们有权对于决策的内容和效果进行决策。2000年《立法法》颁布实施以来，正在逐步形成和确立立法听证制度，在上海、深圳等地已经开展起来，获得了公众的认可，在实践中也发挥了巨大的示范作用。其次，要实现公共信息的公开。凡是需要老百姓知晓、执行的政策、决定都要公开；在制定和执行中应当多听取老百姓的意见，政府发布的信息要全面、真实、准确。最后，要实现政府管理方式的公开。20世纪美国等地的政府再造理念认为，政府管理和企业管理一样，也要做成本收益分析。因此，政府的管理绩效是其行政能力的真实反映。要形成公共参与的监督机制，实现决预算政府管理公开，强化公众对政府管理的监督。

第三，由集权向分权的转变。集权相对于分权来说具有相对优势，比如有利于关键资源的调整，有利于更大范围内的生产协调，有利于规则的统一，从而有利于交易成本的节约等。但是中央集约式的集中式管理模式也有其弊端，例如层次太多，造成了信息的失真和沟通的困难，需要较大的人力物力的投入等。所以，美国等一些国家近年来管理体制变革的趋势之一就是分权化。建立分权化管理理论实际上包括两方面的内容：一是强化地方政府在农业行政管理体制的作用。相对于中央集权，地方政府更关注当地“三农”的发展，与当地农民的关系更为密切，也更能及时、准确地掌握各种信息。因此，要强化地方政府组织在农业行政管理中的作用，适当进行权力下放。二是培育非政府组织。非政府组织在行业自律、提供服务、标准化管理方面对政府管理起着一个补充和促进的作用。政府没有能力和精力去管理所有农业生产和生活相关事宜，非政府组织参与管理也是发达国家农业行政管理体系的重要部分。

8.2.2　我国农业行政管理的职能转型

发达国家农业行政管理部门全部职能所要实现的基本目标十分明确。参照国际经验，结合我国实际，我国农业行政管理的基本职能要迅速调整到发展现代农业上来。

（1）确立基本职能

变革我国农业行政管理体制，需要明确政府、市场之间的关系。国家在管理职能应体现出政府在宏观管理相应的比较优势，从而实现政府管理在资源优化配置、物价稳定、经济持续增长及国际收支平衡方面的职能有。具体职能体现如下：

经济调节。相对于其他产业来说，农业面临着经济与市场双重性风险，因此农业是弱质性产业，需要政府部门对其进行支持保护。农业又是具有较高资产专业性的产业，经济学中的蛛网理论就说明了农产品具有较强的波动性，需要政府采取相关政策进行价格调节。此外，农产品尤其是粮食又是重要的战略物资，在家庭承包经营体制下，市场成为决定粮食供求的主要因素，但是市场存在着“失灵”的现象，市场对价格的调节往往存在着滞后性。这就需要农业行政管理部门采取一定的手段对农业生产进行经济调节。具体来说，行政管理部门对经济调节主要表现在几个方面：制定宏观经济战略、计划和政策。确保农业生产的计划性和持续性。根据农业的资源结构、市场结构、国民经济发展对农业的要求以及农业发展的制约因素，制定农业发展战略和政策，引导农民及其他农业经济活动主体调整资源配置和生产结构，调整农业与其他部门的关系，推动农业朝着国民经济发展所要求的基本方向发展，使农业发展能始终满足国民生活、国民经济发展和社会稳定的需要。制定农业支持和保护政策。提高农户的生产积极性、实现粮食安全。建立市场价格调节制度。通过建立农产品储备制度和专项资金的设立，解决价格波动问题等。

市场监管。农业行政管理部门应明确与市场之间的关系，政府和市场之间的关系是培育、引导和监管。所谓培育，是指通过制定市场规则，维护市场秩序，保持农产品市场竞争的公平、公开和公正性；培育市场体系，健全市场网络，保持农产品市场体系的完备性；所谓引导，是指通过价格杠杆、优惠政策等措施的实施引导市场供求，最终引导农业生产，实现宏观调控的目标；所谓监管，是指为约束和规范市场中的违法乱纪行为，以及市场中发生的价格扭曲现象，采用行政或法律手段，或者建立各种预警机制等，引导市场规范运行。

社会管理。农业行政管理部门除了对生产进行管理外，还包括对社会事务的管理，包括社会保障、人口、生态环境、农村环境等多个方面的内容。为实现这一系列目标，应该制定和实施农业生态环境和农业资源保护计划，推动农业自然资源的合理有效利用，保护农业资源和环境，维护农业生态的良性循环，实现农业的可持续发展；应继续扩大社会保障试点范围、推行社会保障社会化的改革；应把农户生活质量和生产发展放在同样重要的地位，加强对农业生活环境的治理和改造；应提倡优生优育，在农村发展职业教育和基础教育等，使农村人口素质得到较大程度提高。

公共服务。政府应当承担起提供公共物品，为农业发展提供良好的基础设施的责任。组织农业科研、推广、咨询和农民职业教育活动，为农业提供良好的科技和知识基础；组织兴办大型水利工程、乡村地区的干线道路、通讯网络、市场信息和气象服务事业等，对农民的小规模农业基本建设活动给予财政扶持和技术指导，为农业生产和流通提供良好的基础设施服务；提供市场信息尤其是市场购销信息服务，引导农户生产结构调整，解决农户销售难题；加快农产品质量检测普及化步伐，实现农产品质量安全。

(2) 创新管理方式

管理方式是反映农业行政管理部门意识形态，同时也是影响农业行政管理效率的重要因素之一。创新管理方式，主要从以下几个方面着手：①在直接管理和间接管理之间，重在间接管理。政府不再直接干预市场价格的形成，不参与市场主体的运营，而是通过组织各项政策实施，运用税收、财政、金融等经济杠杆，法律杠杆引导市场主体的运行。②在静态管理和动态管理之间，重在动态管理。动态管理是借鉴企业管理的一种管理方式。它是指管理部门根据管理进程与管理环境间的关系及其变化，对管理目标、管理原则和管理方式等不断进行修正的管理行为。动态管理和静态管理方式不同之处就在于强调时间性和变化性。动态管理可以根据环境的变化做出适应，有利于实现最佳管理效果。农业行政管理中，动态的奖惩机制是较普遍的动态管理方式。③在事前管理和事后管理之间，重在事前管理。事后管理模式往往会给国家、企业或个人带来较大损失，而事前管理则有利于加强防范、约束和控制，从而减少损失。因此，实现农业行政管理方式，要树立事前管理理念。通过采用预算管理机制进行成本控制，通过建立各种预警机制建立防范机制等，都可以减少相应损失。

8.2.3 我国农业行政管理的架构转型

我国农业行政管理体制改革现今处在一个新的时期，党的十七大报告中提到“要加大机构整合力度，探索实行职能有机统一的大部门体制，健全部门间协调配合机制”。在报告中，首次提出了实行大部门体制的改革方向。党的第十七届中央委员会二次会议上更是以深化行政管理体制改革为主题做出了讨论。当然，改革应该有一个大致的方向和指导思想。现在农业行政管理并没有全面开展大部制改革，但已经在重庆等地进行试点，并取得了较好的成效。从长远来看，实行大部制改革应该是方向。具体来说，我国农业行政管理体制改革应该从横向整合和纵向压缩两方面进行。

(1) 横向整合

从组织结构上来说，农业内部各产业，农业生产的各个环节，农业资源的保护与利用、农业生产的投入与扶持、农业科技的开发与推广、农产品的加工与运销、食品的安全等，是一个有机的整体。而我国现行农业的分散式管理体系及在这种体系下形成的农业企业，在进入国际市场参与国际竞争过程中，具有明显的体制竞争劣势，必须改革现行农业行政管理体系。

对农业行政管理部门实行大部制改革，具体来说要从三方面着手：

第一，要理清农业行政管理部门的权限。实施大部制改革，不但要涉及农业行政管理部门内部之间的关系，也要涉及它与其他涉农部门的关系。因此，首先要理清农业行政管理部门与质检、工商、水利、商务、林业、海洋等部门的关系。目前，在食品安全、粮食流通、农产品市场建设、环境保护等方面农业行政管理部门与其他部门存在着交叉重复的现象，最终结果造成管理的真空。因此，大部制改革的首要出发点是要理清农业行政管理部门与其他涉农部门之间责、权、利关系，把农产品对外贸易、农产品质量检测、农产品加工运销和市场建设等一些职能划归为农业行政管理部门之下，这样才可能为实施大部制创立条件。

第二，要整合和精简农业行政管理内部机构。应该避免传统计划经济下按产品或功能设立农业行政管理机构的现象，而应该按照市场和管理的需要进行部门整合和精简。以美国为例，美国一共划分的七大部门，是按照功能进行整合的。比如农业与海外农业服务主要包括农场服务局、海外农业服务局和风险管理局三个部门。其主要功能是服务于农户，给农户提供商业性贷款、拓展海外业务和降低农业风险等。我国现在农业的内涵指的是大农业概念，其涉及农、牧、副、渔等几个部门，各个部门之间的发展也存在着较密切的关系。因此，可以考虑把种植业、畜牧业、渔业的管理进行整合，调整为一个部门，从而利于大农业的管理。还有粮食局、林业局、粮食局的部分功能也存在重复，可以考虑把相关职能进行调整。

第三，要增加新的部门。从发达国家农业行政管理的变革趋势看，自然资源的保护和维护已成为重要的一项职能，美国每年用于这方面的财政投入一直在增加。农业生产和自然资源的维护存在着密切的关系，在农业生产日益面临资源约束的情况下，保护自然资源的重要性更为突出。因此，从农业生产的长远考虑，应该增设相应部门。还有，食品质量安全和食物营养是日益相关的，农产品质量监督机构还可以设立食品营养局，对民众进行膳食指导，提高民众生活质量。

对于地方农业行政管理部门的改革，可以参照中央农业部委的改革方式进行，但不可冒进。可以通过试点先行、逐步推进和系统规划的方式，总结经验。

（2）纵向压缩

农业行政组织创新可从三个方面着手，即组织结构扁平化、职能配置综合化、机构编制法定化。我国现行的农业行政管理体制，还存在着另一个比较严重的问题，就是层级过多。因此，如何通过一系列的改革，减少政府层级，对于从根本上遏制公共政策执行过程中的漏斗效应，从而减少中央政策的扭曲和变形，减少地方政府在政策执行过程中的失误所带来的政策性浪费，这既是推进现代农业发展，提高行政管理效率的需要，也是增强中央的宏观调控能力的需要。在改革方案的制订中，“省管县”的提出是一个非常鲜明、影响比较大的观点。

我国现行的中央政府—省—市—县—乡五级政府的层级模式随着生产力的不断发展和我国行政审批制度等改革的推进，其行政成本过大的矛盾逐渐显现出来。政府层级已致使政府管理链条过长，其结果是中央对地方的两个最主要的行政管理手段公共政策和财政转移支付常常难以正常落实，层层过滤的结果是形成所谓的“漏斗效应”，致使中央政府的方针政策越是到基层政府，越是变形走样，财政转移支付也经常不能准确到位。压缩管理层级可以减少大量的行政成本，但是五级行政管理上可以取消的层次只有地级市。地级市管县的取消更有利于减少过多的行政干预和促进县域经济的发展。2009 年 1 号文件中提到：“调整财政收入分配格局，增加对县乡财政的一般性转移支付，逐步提高县级财政在省以下财力分配中的比重，探索建立县乡财政基本财力保障制度。推进省直接管理县（市）财政体制改革，将粮食、油料、棉花和生猪生产大县全部纳入改革范围。稳步推进扩权强县改革试点，鼓励有条件的省份率先减少行政层次，依法探索省直接管理县（市）的体制。”

一是地级市直接纳入省管。减少地级市的职能部门，压缩编制；对原涉农部门人员减编幅度要大；除按规定上缴省财政部分外，地级市原则上要自养；对减编下来的公务员进行分流，鼓励部分人员“下海”领办企业；实行高薪买断策略，用较高待遇激励公职人员退出行政管理队伍。

二是县（市）由省直接管辖。“省管县”可以实行两种途径：①在财政预算编制上，由省直接对县编制预算，在收入划分上，也由省对县直接划分；②政府管理体制上的“省管县”，市县平级，不仅是财政体制，在人事权、审批权等经济社会各方面的管理权也都由省直接跟县打交道。

8.3　本章小结

深化农业管理体制改革，建立既适应社会主义市场经济要求，又适应国际市场规则的农业经济管理体制，不仅是新阶段中国发展现代农业的需要，也是中国农业积极参与国际竞争的需要。农业行政管理体制改革，要从理念转型、职能转型和架构转型三个方面进行。理念转型，就是要树立适应市场经济发展和时代需要的新的管理观：从管理和控制导向的管理到服务导向的管理、从封闭型政府向公开透明政府转型、由集权向分权的转变。职能转型，变革我国农业行政管理体制，需要明确政府、市场之间的关系。确立我国农业行政管理部门在经济调节、公共服务、市场监管和社会事务方面的基本职能；同时创新管理方式，即注重从直接管理向间接管理、从静态管理向动态管理、从事前管理向事后管理的转变。架构转型，就是要坚持以大部制改革为方向，坚持横向调整合并、纵向压缩层级。创新农业行政管理体制，不只是职能调整和结构创新，还必须建立起适应社会主义市场经济体制要求的具有中国特色的农业行政管理体制的运行机制。

第九章　推进农业行政管理体制改革的政策建议

实施农业行政管理体制改革的主体是政府。根据我国农业行政管理体制现存问题及改革构想，借鉴发达国家的农业行政管理体制改革经验，为建立高效率的、适应现代农业发展需要的农业行政管理体制，政府部门应从职能、机构设置、人员配置等方面实施配套改革。

9.1　通过机构改革逐步整合农业部门管理职能

政府机构是职能转换和政策调整的主体，政府职能转换和政策调整必然要求政府机构进行相应改革，政府机构改革同样会促进政府职能转换和政策调整。政府机构如何设置和改革，应当同管理方式的变革要求相适应。我国农业开始由分段型管理方式转向一体化管理方式，客观上已经对政府农业相关机构的改革提出了新的要求。

针对目前管理体制的现状，为减少管理层次和环节，应当按照“一件事情一个机构管”的原则，适时调整机构，整合管理职能。近期应重点整合、理顺农业部门与其他产业经济部门交叉、重叠的职能，逐步将农产品贸易、农业生产资料、动植物及其产品检验检疫、农产品加工与运销、农产品储备、农产品批发市场建设等与农业相关的职能统一划归一个部门负责，实行统一管理，逐步建立起一体化的管理体制。

在农业部内，首先应当解决司局职能交叉、事业单位职能定位不准等问题，切实提高行政效能。一是要打破计划经济条件下按行业设置司局的旧模式，适应市场经济要求，按职能配置设立机构，实行综合管理。二是明确职能定位，理清职能重点，强化公共服务。以强化农产品质量安全监管为核心，整合农产品质量安全体系和检验检测体系的管理职能；以农产品及农业投入品市场服务为核心，整合农产品市场体系和信息体系建设的职能；以提高农业竞争力为核心，整合农业科研、推广、服务方面的职能。三是结合事业单位改革，通过调整机构，加强兽医（包括防疫、检疫）、植检、农（兽）药、化肥和种子等方面的行政执法职能。四是继续转变政府职能，强化公共服务。要从过去的行政审批、生产环节的具体管理转到为农民提供市场信息、技术咨询、病虫害测报、产品检验检测、营销服务、基础设施建设和社会保障等公共服务上来。

9.2　协调和理顺农业行政管理系统内外部关系

建立和谐有序的农业行政管理组织机构，是实施农业行政管理职能和综合管理模式的关键。这需要处理三个方面的关系。

9.2.1　处理好政府与市场之间的关系

首先，凡属于市场调节能够实现和保持正常运行的经济活动，都应当由市场进行调节。政府主要是从事基础设施建设和政策法规建设，创造和维护市场经济发展的良好环境，为企业开展正当的经营活动提高外部条件，而不应当直接干预企业从事正常的经营活动，特别是尽可能地简化行政审批手续。其次，属于政府职能范围内的事项，政府干预应当保持适宜的程度。政府干预的目的，在于保持市场经济的正常运行。政府干预的程度，以实现这个目的为限。最后，属于政府职能范围的事项，应当采用适宜的手段进行干预。在一般情况下，应当更多地运用经济手段、法律手段，并逐步过渡到以法律手段为主，尽量不采用或少采用行政手段。

9.2.2 处理好部门之间的关系

农业管理体制所涉及的业务范围相当广泛，包括产前、产中和产后的各个相关领域，应当通过合理的职能分工，使政府不同部门各负其责，保证农业行政管理的有效运行。首先，尽量消除职能交叉、政出多门。凡是一个部门能够承担的职能，就不要由两个或更多部门分担，逐步建立责任与权力相一致的有权威、高效率的农业行政机构。其次，建立健全协调机制和机构。建议由中央农村工作领导小组或其他权威机构牵头，在职能交叉、矛盾突出的领域建立起制度化的磋商机制，减少体制摩擦，增强政策的有效性和一致性，保证涉农部门之间的协调配合。对于涉及几个行政部门的事务，应当在注重提高办事效率的前提下加强协商和协调，制定统一的政策措施。最后，建立健全相应的制约机制。加强农业主管部门与相关部门的内部监察审计制度，以及这些部门向政府的请示汇报制度、向立法机构和社会公众的报告制度等。通过建立健全制约机制，确保农业宏观管理的运转符合法律规范，真正达到精干、高效、廉洁的要求。

9.2.3 明确中央政府与地方政府农业管理部门之间的关系

二者之间的工作职能应进行清晰而明确地界定，从而既能够充分发挥地方政府的积极性，也能够有效地发挥中央政府的宏观调控作用。

首先，合理划分中央政府与地方政府的事权范围。基本出发点应当是，凡适宜地方政府做的事情都应当由地方政府去做，不适宜地方政府做的事情则应当由中央政府来做。双方都应当在分工的基础上实行相互配合和协调一致。中央政府的农业行政部门主要负责跨地区和涉及全国范围的规划计划、政策法规、宏观调控、信息统计、基础设施建设、检查监督、科研开发、国际合作等事项；地方政府的农业行政部门主要负责地方的农业方面的事业，侧重于技术推广、资源开发、治山治水、基础设施建设维护以及中央政府委托的事宜。其次，中央政府对于地方政府分管的事情应当予以必要的支持和指导。最后，为增强农业宏观调控能力，中央政府对直接分管的农业事项原则上应当更多地实行垂直管理的方式，做到政令统一。

9.3 实施农业行政管理科学化管理

实施科学化的管理方式，一方面要实施管理手段的多样化，减少直接干预农业管理的行政管理方式；一方面要实施政府行政管理的信息化，实施科学、方便、快捷的管理方式。

9.3.1 实施多样化的管理手段

必须充分运用法律、行政、经济的手段对农业生产全过程进行合理的管理和调控，要以法律手段为基础、行政手段为补充，运用灵活的经济手段对农业生产及产品流通进行有效的管理和调控。

法律手段是国外发达国家农业行政管理部门调控农业的重要手段，在农业行政管理中具有基础性地位，它具有强制性、普遍性、稳定性和规范性等特点，对规范农业经济活动主体的行为具有不可替代的作用。在发达国家，进行一项行政改革，必须进行相当长时间的立法工作，成立或者撤销一个机构，机构职能的规范，都要通过相应的法律来规定，都要按法定程序来进行。十届全国人大常委会通过的《中华人民共和国行政许可法》，通过规定设定和实施行政许可的原则，确保了权力与责任的统一，提高了政府的责任意识。农业行政管理部门要通过贯彻实施行政许可法，推进行政管理体制创新，进一步转变政府职能，改进管理方式、工作方法和工作作风。中国共产党十六大也明确提出，要依法规范中央和地方的职能和权限，科学规范部门职能，合理设置机构，优化人员结构，实现机构和编制的法制化，切实解决层次过多、职能交叉、机构臃肿、权责脱节和多重、多头执法等问题。在实施行政执法的同时，也要加强执法监督。建立经常性的监督巡视制度，健全对行政机关工作人员的绩效评估制度，督促其依法履行职责；加强对决策权、审批权等重要行政权力运行的监督，实行严格的决策责任追究制度，强化对重要部门、重大事项和重要岗位的监督；全面推行行政执法责任制，科学划分不同执法环节应当承担的责任；严格责任追究制度，通过将行政执法责任追究落实到每个环节和个人，从而促进依法行政水平的提高。

实施农业行政管理的法制化管理，能够避免行政管理部门之间职能不清和管理上的随意性，也有利于对农业行政管理部门的监督。经济手段是有关国家农业行政管理部门调控农业的最重要和主要手段。经济手段包括财政、金融、税收、价格、储备、进出口等多方面。在农业管理实践中，应该结合各种经济手段灵活运用，引导市场成为农业宏观调控和管理的主体，减少政府对农业行政进行直接式的管理，有利于提高管理效率。

9.3.2 实施信息化的行政管理方式

必须加强政府信息化建设，改进管理方式，推进电子政务，提高政府效率，降低行政成本。电子政务的推进会给政府的管理体制改革带来质的变化，它将引导政府的管理体制从管理型向服务型转变。同时也会从根本上提高政府的工作效率，降低行政运行成本。

9.4 加强农业公共产品提供服务

提供农业公共产品服务是农业行政管理的主要职能之一，从国外发达国家的公共服务职能看，它们都非常重视在农业推广和教育、农产品质量体系等领域的建设。

9.4.1 强化政府在农业信息体系建设的服务职能

首先，要强化政府在农业信息化进程中的组织协调职能。统一规划、统一部署、统一组织农业信息网络基础设施建设，建立健全农业信息管理服务系统和服务机构，开发利用农业信息资源，减少和避免重复建设。其次，要规范农业信息的收集和发布。农业信息面广量大，涉及农业、农机、水利、气象、土地等诸多部门，包括农资、农技、农产品市场、农业政策法规等各类信息，需要按照一定的标准规范有关信息的收集和发布。省级农业部门要开辟固定的信息发布窗口，侧重发布全省范围的宏观性、预测性信息。地市以下农业部门要定期发布为市场、为农民服务的信息，形成多元化、多层次的信息源。各级都要加强信息采集和数据库建设，努力提高数据库的建设水平和档次。再次，要鼓励和引导社会各方面参与农村信息体系建设，多渠道增加投入，加快县、乡农村经济综合信息站建设，逐步规范各类信息网点，推动信息体系向县和重点乡镇、农业产业化龙头企业和经营大户延伸。最后，要利用多种手段扩大信息覆盖面，为农民提供信息服务。充分利用网络、广播电视、报纸杂志、印发资料等多种手段，直接为农民提供市场、科技等信息服务。

9.4.2 加强政府的教育、推广和科研服务职能

与发达国家相比，中国在农业科研、教育和技术推广方面的差距是明显的，要进一步加强农业科研、教育和技术推广的职能。首先要深化农业科技体制改革，解决科研与生产脱节的问题，实行农科教、产学研结合，加快农业科研成果的转化。其次要调整农业科研的方向和重点。在重视提高产量的同时，更加注重增加效益，从主要为农业生产服务转向为生产、加工、销售的

全程服务，从以资源消耗型技术为主转向资源节约型技术为主。开发优质农牧渔业新品种，开发农产品加工技术和农业节本增效技术，发展优质高产高效农业。第三，要加强各级农业技术推广机构，鼓励科研院所、大中专院校、企业及农业科技人员，以技术开发、技术咨询、技术入股和技术转让等多种形式，从事技术推广与服务工作，加大农业技术推广工作力度。第四，要采取多种渠道和形式，对农民进行科技培训。

9.5 积极推进与非政府部门在农业行政管理领域的合作

国外发达国家，除了农业行政管理部门这一政府机构外，社会上还广泛存在着许多涉农的非政府机构，如各种行业协会、农会、商会、理事会、合作社、事务所、交易所等。在处理与众多的非政府机构的关系中，处理与农民组织的关系是最为重要的。从现代农业的发展需要来看，分散式的小农经营是无法满足市场需求的，农业合作经济组织是实现代农业经营模式的重要组织载体。农业合作经济组织是联系政府、市场和农户（企业）的重要纽带，是提高农民组织化程度和抵御市场风险能力的有效措施，它在服务农户、服务政府和服务社区等方面都发挥着重要作用。合作经济组织在行业自律、公共产品服务、质量管理和监督、信息服务等方面发挥着重要作用，它是新的农业行政管理体制下政府管理职能的必要补充。因此，必须尽快制定规范农民专业合作组织方面的法律、法规，引导、鼓励和规范农民自律性合作组织的健康发展，使其服务职能得以充分发挥，以提高农民在市场竞争中的组织化程度，为现代农业的实现提供组织支撑。

9.6 实施人力资源管理策略

在农业部门及其他行政管理部门中，人力资源管理是加大行政执行力度，推进行政执行高效的最强有力的管理工具之一。在人力资源计划与工作分析、绩效评估、薪酬激励等方面，现代的人力资源管理技术和方法将有助于建立更富有成效的公共管理组织。因此，农业部门应建立一个健全的薪酬激励体系，即在内部建立公平、公正、公开的竞争机制，吸引人才，留住人才，使人才努力地为实现组织目标而工作。农业部门在进行人力资源计划制定时，应以效率最大化为目标，科学地根据本部门目前的人力资源状况，为满足未来一段时间内本部门的人力资源质量和数量方面的需要做出预测。同时，通过工作分析，来有效地进行人力资源开发和管理。绩效评估管理系统是人力资源发展的竞争和激励机制，组织通过人员绩效管理，可以与公职人员不断地沟通管理目标，提高公职人员现有工作能力，使其在未来的职位上得到发展，有助于形成组织与公职人员之间良好的互动关系，造就一种组织与公务员共同发展的机制。

第十章　结论与展望

10.1　结论

本研究的主要目标在于构建适应现代农业需要的、高效的农业行政管理体制。首先对农业行政管理体制相关理论进行了分析和总结；其次，对我国现行农业行政管理体制的现状和存在的问题进行了分析，提出我国现行农业行政管理体制与现代农业发展需求不相适应的假设；最后，以黑龙江省为例，对我国农业行政管理体制的效率进行了实证分析。根据现代农业对农业行政管理体制的需要，构建了适应性的、高效的农业行政管理体制改革的框架。本研究的创新之处体现在以下三个方面：①研究角度具有原创性和创新性。本研究主要是针对现代农业的特定背景，研究角度具有创新性。而且以效率为主题进行针对性的研究在理论上还较为缺乏，这为本课题研究提供了广阔的发挥空间。②研究方法的科学性和可行性。本研究采用 DEA 方法对农业行政管理体制的效率进行测算，方法具有科学性。同时，本研究在科学论证的基础上进行，注重通过调查问卷的设计来掌握第一手资料，使研究具有可行性。③研究内容具有系统性。本研究提出了较为全面而系统的研究框架，并从目标、手段、模式、绩效评价、职能定位，与其他主体的关系方面提出了改革农业行政体制的方案。

本研究主要得出以下几个结论：

（1）适应性的农业行政管理体制是建设现代农业的基础，现代农业行政管理体制的构建必须以现代农业为背景。农业行政管理体制从制度层面来看是一种管理制度，他对农业经济制度有决定性的影响，农业经济制度安排反映着国家管理农业的意识形态，它可以决定经济制度施行的空间，对经济制度起制约作用，从而通过一定的约束和激励机制影响到微观组织的运行绩效，最终影响到宏观经济目标的实现。因此，现代农业宏伟目标的实现也取决于农业行政体制是否能与之相适应。同时，农业行政管理体制必须符合现代农业发展需要，这对农业行政管理的手段、职能划分和运作机制等提出了更高的要求，需要对现行农业行政管理体制进行变革，使之符合现代农业发展的需要。

（2）根据对农业行政成本的定量分析发现，我国的财政支农支出从总量上一直是呈上升趋势的，但低于国家总体财政支出的平均上涨幅度；结合农业总产值指标通过对农业行政管理成本的相对效率分析得出，我国单位财政支农所带来的总产值一直是呈下降趋势的。我国的农业行政管理成本费用一直是呈上升趋势的，而且从农业财政支农的结构上看，事业费近些年来占到80%以上比重，挤占了生产性支出和科研和推广等公共服务费用。结合以上定量分析结果，我国农业行政管理成本存在着总量过高、结构不合理、管理不规范和制度建设不健全等问题，是影响农业行政管理效率的主要方面。

（3）以黑龙江省为例，对农业行政管理效率进行了实证分析。以物质投入、公共管理支出和公务员投入为投入指标，以农牧渔业人均产值、农民人均纯收入增长率、第三产业从业人员比重为产出指标，对黑龙江省农业行政管理效率进行了实证分析。经 DEA 分析，2004—2006 年黑龙江省农业行政管理效率呈规模递减；引入标杆进行对比后发现，2003 年黑龙江省农业行政管理效率由 DEA 相对有效变为相对弱有效。说明，我国农业行政管理在新的农业发展形势面前，已经逐渐不适应新的发展，管理效率下降，必须以现代农业为服务目标，开展改革。

（4）现有的农业行政管理体制制度供给无法满足现代农业的制度需求。现代农业是内涵更加丰富的农业，是一个多产业集群，是技术密集型产业，它以市场为导向，重视生态环保，具有多种功能和多样形式，其组织形式是产业化组织。现代农业的发展对政府职能产生新的需求，同时也要求农业行政管理组织剔除无效的职能。这是因为行政管理体制作为一种制度供求，一方面存在着供给过剩，一方面存在着供给不足。从对体制的需求来看，现代农业要求有开放的系统的管理体制，有精干高效专业的管理队伍，有统一协作竞争的农业格局，有现代的农业管理方式。但在体制供给中，在部门设置、服务手段、保障制度建设、人才基础方面还存在供给不足。根据对供求主体的调查结果，农户需求和管理部门职能供给方面还存在一些偏差，农业行政管理部门的效率方面还需要进一步变革。具体建议包括农业行政管理部门的管理和服务效率需要加强、建立以农户为导向的服务机制、加强对村级管理组织的管理和监督和培育中介组织等。

（5）农业行政管理体制转型需要从三方面着手：①理念转型。就是要树立适应市场经济发展和时代需要的新的管理观，从管理和控制导向的管理到服务导向的管理、从封闭型政府向公开透明政府转型、由集权向分权的转变。②职能转型。就是变革我国农业行政管理体制，需要明确政府、市场之间的关系，确立我国农业行政管理部门在经济调节、公共服务、市场监管和社会事务方面的基本职能；同时创新管理方式，即注重从直接管理向间接管理、从静态管理向动态管理、从事前管理向事后管理的转变。③架构转型。以大部制改革为基础方向构建农业行政管理体制改革的理论框架和措施建议。在坚持以大部制改革为方向的前提下，实行横向调整合并，并且纵向压缩管理层级。

10.2 展望

政府绩效是一个十分复杂的体系。真实的绩效评估，应该既包括显性成本，也要包括隐性成本；既包括显性收益，也要包括隐性收益。一个合适的评估指标体系必须包括尽可能多的解释变量，同时具有相当的解释力。虽然本研究将定量分析方法运用于农业行政管理的成本—收益分析，并进一步研究行政管理效率问题，得到了相对有效的结果。但是，这个结果是建立在一个狭隘研究范围之上的。事实上，无论农业行政管理的成本还是收益，都远远超过国家财政的支农支出、GDP、农业GDP、粮食产量、农民人均收入等几个可以量化的要素。一些目前没有量化的要素，即定性的项目，也应该能够通过一定技术手段转化为定量的分析。因为定性研究方法不等于主观臆断，本身也是一门科学决策技术。因此，我们的绩效分析，仍然是初步的，是一个简单的结果。相信随着科学的发展，管理者和科学工作者必将设计出足以衡量组织目标实现的指标系统，通过对组织持续性的监测、记录与考核，实现科学的绩效评价。

农业行政管理体制改革的核心是政府职能转变，实质是政府、企业、农民三者关系的调整。本研究虽然多处论及三者的关系，但遗憾之处也在于未能从这个角度进行更加深入的讨论。在未来的研究中，笔者将把研究的重点转移到政府、企业与农民关系研究中，进一步理清政企关系、政资关系、政事关系、政府和农民的关系，探讨政府与市场的边界问题以及如何“划界”，寻求推动现代农业快速发展的政府调控与服务机制。简单来说，农业行政管理体制创新，关键在于摆正自己与企业、农民的位置，实现“退”“让”“上”。“退”就是退出那些不该管、管不好、管不了的领域；“让”，就是让利于企业，让利于农民；“上”就是政府要在公共产品领域加强服务。

附　　录

附录1　农业行政管理体制调查问卷（农户）

尊敬的农民朋友：

您好，我们是来自东北农业大学的学生和老师。从2004年以来，随着新农村建设和现代农业建设历程的推进，整个农村经济发生了巨大的变化。作为农民群体的一员，您和您的家人也可能或多或少地有深切的感受。但我们在研究中发现，这种变革也使传统的农业行政管理（如乡村农业管理部门）制度面临着巨大的压力，例如农业行政管理机构的设置、职能、权利和义务，以及人员配置等方面。为此，我们想从农户需求的角度，了解现有农业行政管理体制有哪些不相适应的地方，以为如何进行农业行政管理体制变革确立方向。作为被管理群体，你们对现有农业行政管理机构的运行肯定有更深切的感受，我们非常想了解你们的真实想法，以便我们能够提出更为切合实际的改革措施，为政府部门实施农业行政管理体制改革提供参考。

我们的问卷只用于研究用途，请您认真填写调查问卷，您的相关信息我们将为您保密！

我们需要您的帮助和支持，谢谢您的参与！

本问卷支持项目：黑龙江省社科基金项目《基于大部制视角的农业行政管理体制创新研究》（08D005）

一、被调查者基本情况

1. 您的性别

①男　　　　　②女

2. 您的年龄

①30周岁以下　②30～40周岁　③41～50周岁　④51～60周岁

3. 您的学历

①小学　　　②初、高中　　　③大专及以上

4. 您的主要收入来源

①务农收入

②务农为主（收入70%以上来自于种养业收入）

③务工收入（没有务农收入，完全是经营及打工收入）

④务工为主（收入70%以上来自打工及经营收入）

5. 您的家庭所在地

二、调查的问题

（一）单选题（每个问题只有一个最佳选择，请在该选择前画√）

1. 您认为农业行政管理部门设置情况如何？

A. 部门设置非常合理，完全满足农户需求

B. 部门设置比较合理，基本满足农户需求

C. 部门设置不合理，设置部门较多

D. 部门设置不合理，设置部门较少，不能满足农户需求

2. 您认为农业行政管理部门的办事效率如何？

A. 办事效率高，各个部门分工明确（什么事由什么部门负责很清楚）

B. 办事效率还可以，各部门分工基本明确（虽然部门之

间职能有些交叉，但是不严重）

C. 办事效率低，各个部门分工不明确（办一件事需要跑许多部门）

3. 你如何看待政府部门的人员设置情况？

A. 人员设置基本合理，一个萝卜一个坑

B. 人员设置不太合理，人浮于事

C. 人员设置不合理，几个人干一个人的活

4. 你如何看待农业行政管理部门的管理（如收费、罚款等）**和服务**（如信息、技术推广等）？

A. 政府机构对农管理和服务到位

B. 政府机构对农管理和服务执行情况一般

C. 政府机构只有对农管理，没有对农服务

5. 农业行政管理部门的服务态度如何？

A. 服务态度好　　B. 服务态度一般

C. 服务态度差

6. 农业税减免之后，您认为农业行政管理部门的对农服务较以前是？

A. 对农服务比以前增多了

B. 对农服务比以前稍微减少了

C. 对农服务比以前明显减少了，有些部门成了闲置部门

7. 现在农户养什么和种什么由谁说了算？

A. 政府部门直接下达种植和养殖任务

B. 政府部门给予指导，如提供信息和技术辅导等，农户自主决策

C. 农户自主决策，政府部门管的不多或者不管

8. 您对政府目前对农户的支持力度是否满意？

A. 满意　　B. 基本满意

C. 不太满意，支持力度小，支持范围少

9. 以前政府是对国有粮食部门进行补贴，现在是采用直接

对农户补贴的形式，您对这种形式是否满意？您认为这对种植粮食的积极性的促进作用是否明显？

A. 满意。很明显　　　　B. 基本满意，不太明显

C. 不太满意。不明显

10. 您如何看待乡镇农技机构在农业技术推广中发挥的作用？

A. 作用很大，促进了农技的推广和提高

B. 作用一般，对农技推广有一定促进作用

C. 作用不明显

D. 没什么作用

11. 乡镇农技机构主要采用什么形式的农业推广服务？

A. 政策性的（公益性、不收费）

B. 经营性的（收费）

C. 政策性为主，经营性为辅

D. 经营性为主，政策性为辅

12. 当地是否有政府职能部门支持成立的农产品购销服务组织？

A. 有。规模较大，发展较好，能解决大部分农户的销售问题

B. 有。规模较小，发展一般，只能解决小部分农户的销售问题

C. 没有。基本上是通过农户自产自销

13. 当地是否有农民合作经济组织或者龙头企业？

A. 有，是在农业行政管理部门的支持下成立的

B. 有，是由农户自主成立的

C. 没有

14. 对于农民合作经济组织这种经济组织形式您是否认可？

A. 认可，把农户组织起来，可以增加农户的市场竞争力和防范风险

B. 认可，但是不知道具体怎么联合和运作

C. 不认可，还是自己干得好

15. 对于“龙头企业＋农户”这种形式您是否认可？

A. 认可，帮助农户解决了销售问题

B. 认可，但是存在龙头企业违约风险，需要完善法律加以保障

C. 不认可，龙头企业唯利是图，对农户作用不大

16. 您所在地区的农业行政管理部门有没有提供市场信息服务？

A. 有，经常　　B. 有，不经常

C. 没有，农户自己获得市场信息

17. 您所在地区的农业行政管理部门有没有提供农产品质量安全检测服务？

A. 有，操作规范

B. 有，操作不规范，流于形式

C. 很少，基本没有

D. 没有

18. 您所在的地区中小学教育水平和质量如何？

A. 中小学教育硬件设施较好，教学质量高

B. 中小学教育硬件设施较好，教学质量低

C. 中小学教育硬件设施和教学质量一般

D. 中小学教育硬件设施和教学质量较差

19. 我国农村现实行了个人和社会统筹的农村养老保险制度，您如何评价？

A. 好，解除了部分家庭养老负担

B. 还可以，虽然现在力度小些，但以后会逐渐改善

C. 不好，和城里差别太大，没什么作用

20.《土地承包法》给土地承包经营权以法律保障，《物权法》对土地承包经营中的各种权力给予法律上的肯定，

在土地制度法制化进程中，你对现有的土地制度是否满意？

A. 满意　　B. 不满意

21. 您所在地区是否经常发生土地纠纷？

A. 经常　　B. 不经常

22. 如果发生了土地纠纷，您倾向于采取什么方式解决？

A. 找法院　　B. 要求村委会裁决

C. 自己争取，如果实在不行自认倒霉

23. 您如何看待当地的医疗机构的服务质量？

A. 挺好，医疗设备齐全，医疗水平高

B. 还行，能够满足基本的医疗需要

C. 不太好，设备不齐全，医疗水平低

D. 差。设备老化严重，医疗水平差

24. 您如何评价村里党支部和村委会的关系？

A. 关系和谐，相互配合很好，村级管理较好

B. 矛盾冲突不断，彼此争权夺利，村级管理较差

C. 实际上两套班子一套人马，缺乏民主管理

25. 您对当前“村民自治”的自治程度有何评价？

A. 意识很好，自己的事情自己说的算，一事一议有利于政务公开

B. 意识很好，但自治资源有限（如财物等），依赖于乡镇政府

C. 意识很好，但实践中基本流于形式

D. 没什么用，只是口号而已

26. 您认为乡村集体经济组织对国家的惠农政策落实情况如何？

A. 比较满意。惠农政府落实较好、及时

B. 基本满意

C. 不太满意。但方式需要改进，例如机械补贴方法

D. 不满意。原因

27. 您所在的村子是否提供农业生产和农村生活服务？

A. 有，经常　　B. 有，不经常

C. 没有，只有管理（收费、计划生育等）没服务

28. 近几年来，发达国家像美国和英国也实行农业综合式的大部制管理，交通部等其他部门都进行了大部制改革的探索，重庆市也进行了大部制的试点，所谓大部制就是对涉农业务及环节实施综合性治理，对相关部门进行合并。例如重庆把几个掌管农业机械、水利等的部门合并为农业委员会。您是否赞成这样的改革方式？

A. 赞成　　B. 不赞成

（二）多项选择题（每个问题可以选多个答案，但每道题最多选择三个答案，请在该选择前画√）

29. 目前您最迫切需要哪些服务？

A. 农业技术服务　　B. 市场价格和购销信息服务

C. 农产品质量检测　　D. 农田基础设施建设

E. 法律咨询　　F. 村庄规划

G. 农民就业　　H. 社会保障

I. 文化教育　　J. 农业保险

K. 道路维修　　L. 环境改善

30. 农业税改革后，三担五统和“义务工”和“积累工”先后取消，对于农户急需的农田水利基础设施建设您认为应当采取什么方式较好？

A. 完全由政府负担　　B. 由农户自己负担

C. 由村集体负担　　D. 由农户和村集体负担

E. 由农户、政府和村集体共同负担

F. 由农户和政府共同负担

G. 由政府和村集体共同负担

31. 新农村建设的主题是“生产发展、生活宽裕、乡风文明、村容整洁、管理民主”，您认为现在哪些环节较为薄弱？

A. 管理民主　　B. 生产发展

C. 生活宽裕　　D. 村容整洁

E. 乡风文明

32. 农业税取消后，农业税免除后，您认为农民目前面临的最大负担是什么？

A. 教育负担　　B. 医疗、养老负担

C. 基本的生活负担　　D. 农业生产方面的负担

33. 你所在的村子都提供哪些方面的服务？

A. 市场信息　　B. 帮助组织农产品销售

C. 帮助购买农业生产资料　　D. 道路修护

E. 农业技术服务　　F. 法律咨询

G. 农业保险　　H. 文化娱乐

I. 基本没有　　J. 完全没有

34. 农业税减免后，您认为政府部门在哪些方面的服务减少了？

A. 农业技术服务　　B. 市场价格和购销信息服务

C. 农环境改善　　D. 农田基础设施建设

E. 法律咨询　　F. 村庄规划

G. 农民就业　　H. 社会保障

I. 文化教育　　J. 农业保险

K. 道路维修

35. 您所在的地区主要有哪几种形式的补贴？

A. 良种补贴　　B. 机械补贴

C. 综合补贴　　D. 直接补贴

E. 农产品保护价

36. 您认为乡镇政府农业行政管理部门管理存在哪些问题?

A. 缺乏民主管理

B. 部门设置不合理，过于细化

C. 各部门之间的职责不清，还须进一步理顺

D. 农业服务的数量和质量较差

E. 缺乏市场信息和农产品质量安全方面的服务

F. 执法意识不强，执法手段落后

E. 部门人员设置较多，办事效率低下

您对农业行政管理部门和设置方面还有哪些意见，请写在下方：

____

____

____

附录 2　黑龙江省农业行政管理体制调查问卷（针对农业行政管理部门）

尊敬的朋友：

您好，我们是东北农业大学的学生和老师。从 2004 年以来，整个农村经济发生了巨大变化，促进城乡、工农、经济与社会事业和谐发展是科学发展观的要求。在现代农业和新农村建设中，农业的经营和生产方式发生了巨大的变化，这表现在整个农产品产业链中产前、产中、产后的节点组织联系越来越紧密，这也使传统的农业行政管理方式面临着巨大的压力。为此，我们想了解现有农业行政管理体制供给和需求现状，以为农业行政体制改革提出相应的建议，我们需要您的帮助和支持，谢谢您的参与！

请您认真填写调查问卷，您的相关信息我们将为您保密！

本问卷支持项目：黑龙江省社科基金项目《基于大部制视角的农业行政管理体制创新研究》（08D005）

一、被调查者基本情况

1. 您的性别

①男　　　　　②女

2. 您的年龄

①30 周岁以下　②30～40 周岁　③41～50 周岁　④51～60 周岁

3. 您的学历

①高中及以下　　②大专　　③本科　　④硕士研究生

⑤博士研究生

4. 您的政治面貌

①中共党员　②民主党派　③共青团员　④普通群众

二、调查的问题

（一）单选题

1. 我国的农业行政体制基本上是实行垂直设施，即上面成立什么部门，下面也成立相应的部门，您认为这种体制设立是否合理？

A. 非常合理。便于垂直管理

B. 基本合理。适应农业工作的要求

C. 不太合理。增加了协调工作的难度，造成了机构的臃肿

D. 不合理。同农业行政管理的职能需求不相适应。

E. 其他

2. 现代农业是以发达的农业为特征的，发达国家非常重视农业与其他产业的结合，美国的农业和食品工业称为“食物与纤维系统”，从纵向发达农业要求农业生产产前、产中、产后各部门和各环节的合作，但我国的农业行政管理部门却是分环节和分部门的，你认为这种设置是否合理？

A. 合理。符合实际，农业是一个复杂的系统，不可能由农业部门单独管理

B. 基本合理。符合现实需求

C. 不合理。增加了部门之间的沟通难度，造成农业管理部门有责权无事权

D. 其他____________________

3. 你所在的部门机构人员编制是否合理？

A. 合理。符合日常工作的需要

B. 人员编制过少。无法满足日常工作需要

C. 人员编制偏多

D. 人员编制过多。造成机构臃肿、人浮于事

4. 你所有单位行政管理部门服务质量如何？

A. 服务质量较好　　　　B. 服务质量较差

C. 服务质量一般　　　　D. 服务质量较差

5. 从横向职能来看，农业除生产外的许多职能都由不同的涉农部门管理，如从农产品质量角度，涉及农业行政管理部门、质检部门、卫生部门、工商等多个部门，您认为这种职能设置是否合理？

A. 合理。农业质量管理需要多部门的配合才能实现

B. 不合理。这种管理方式容易造成“八个部门管不住一根葱”的怪相

C. 其他____________________

6. 当地政府涉农管理部门如农业、林业、水利、国土等部门之间的关系如何？

A. 非常好，各部门各司其职，相互合作，配合一致

B. 比较好，但还需要对各部门的职权进一步明确界定

C. 关系一般，有合作，也有扯皮

D. 关系很差，部门利益至上，相互合作和协调很少

7. 当农业行政管理部门与涉农部门发生纠纷时，一般采取什么方式加以解决？

A. 双方协调解决　　　　B. 交由上级部门解决

C. 交由中间协调部门解决　D. 交由党委解决

E. 其他____________________

8. 您认为农业行政管理机构的事权和职能设置是否合理？

A. 合理。事权和责权相对应

B. 不合理。权小责任大，有事权无财权

C. 其他____________________

9. 农业行政管理机构承担了农业综合开发、产业化、农村

环境等多项职能，这些职能的履行需要事权和财权的对应，在农业资金（农业事业资金、农业基建资金、农业扶贫资金、农业土地综合开发资金、农业科技教育资金）**中，农业行政部门有哪几项基金的管理权？您认为这种管理现状合理吗？**

①农业事业资金　②农业基建资金　③农业扶贫资金

④农业土地综合开发资金　⑤农业科技教育资金

A. 合理　　B. 不合理

10. 您认为哪几项资金应由农业行政管理部门管理？

A. 农业事业资金　　B. 农业基建资金

C. 农业扶贫资金　　D. 农业土地综合开发资金

E. 农业科技教育资金

11. 您所在单位专科及本科学历的人员是否占大多数？

A. 是　　B. 否

12. 您所在地区是否有农产品质量检测机构？

A. 有。农产品质量检测服务质量较好

B. 有。但硬件设施有，质量检测服务不到位

C. 没有

13. 农产品质量质量检测服务是否由本部门负责？

A. 是

B. 不是，由其他涉农部门负责

14. 您的部门是否提供农产品流通服务？服务内容有哪些？

A. 有　　B. 没有

服务内容：①农产品价格和信息　②利益协调　③市场体系建设　④规范和管理　⑤法律咨询　⑥其他________________

15. 您所在地区是否组建了农产品信息体系？服务质量如何？

A. 是。硬件和软件建设都好，服务质量较好

B. 是。硬件建设较好，但软件建设缺乏，服务质量一般

C. 还没有，正在筹建

D. 没有

16. 您是否支持当地农户中介组织如农村专业合作社的发展?

A. 支持。它们可以协助政府行政职能的发挥，应鼓励发展

B. 比较支持。但对它们的发展应持谨慎态度

C. 不支持。他们的存在会削弱政府的威信，政府不好管理

17. 您所在地区是否有"公司+农户"、"农村合作经济组织+农户"、"行会+农户"等产业化运营模式?

A. 有。很多　　B. 有。不多

C. 没有

18. 您所在地区是否有农村正式金融（商业银行、村镇银行、信用社）**服务?**

A. 有。正式金融基本能满足农户资金需求

B. 有。但正式金融不能满足农户资金需求，农户借贷主要采用非正式金融渠道

C. 没有

19. 您是否认为依法执政有必要?

A. 很有必要，行政执法有利于确立行政管理部门的危信，有利于规范化管理

B. 有必要，但现在实行依法执政的时机不成熟

C. 不必要，采用行政手段推动就可以了

20. 在进行农业行政管理时，您所在的部门是否经常采用法律手段?

A. 经常　　B. 不太经常

C. 没用过

21. 除了行政手段和法律手段外，还有经济手段（如信贷、金融、税收等），**您认为利用经济手段实施行政管理是**

否有必要？

A. 有必要。经济手段调节农村经济更具有灵活性

B. 没必要。

但这些经济手段现在都不掌握在农业部门手里，您认为农业部门需要掌握这些权利吗？

A. 需要　　　　　　　　B. 不需要

22. 近几年来，交通部等其他部门都进行了大部制改革的探索，发达国家像美国和英国也实行农业综合式的大部制管理，就是对涉农业务及环节实施综合性治理，您是否赞成这样的改革方式？

A. 赞成。农业实行大部制改革有利于加强各部门和各环节的合作

B. 赞成。是改革趋势，但现阶段不具备实施大部制的条件

C. 不赞成。农业行政管理事务涉及多个方面，农业部门无法独立承担

23. 十六届三中全会提出了在管理上要“压平层级”，我国也在进行着“省管县”的试点改革，您认为我国实行几个层级的政府管理体制最合适？

A. 中央、省、市（县）三级

B. 中央、省、县、乡镇四级

C. 现有的中央、省、市、县、乡镇五个层级

D. 具体情况区别对待

24. 政府在实施行政管理时主要实行经营式（收费）**和政策式**（不收费）**两种经营方式，您认为政府实施农业行政管理体制改革时，应以哪种方式为主？**

A. 经营式

B. 政策式，经营性业务实行市场化运作

C. 二者结合，但经营式为主

D. 二者结合，但政策式为主

25. 在您看来，农村管理体制改革最难处理的关系是什么？

A. 涉农职能部门之间的关系

B. 地方政府与涉农管理部门之间的关系

C. 国家行政指导与村民自治之间的关系

D. 其他

二、多选题（每个小题有多个选项，每小题限选3项）

26. 您认为在现时状况下，实施大部制改革的制约条件是什么？（如不支持大部制改革的可不选）

A. 人才　　B. 体制

C. 意识形态　　D. 其他

27. 你所在的行政管理部门主要从事哪几项职能？

A. 农业基础设施的组织和监管

B. 促进农业产业化实施，发展农产品流通和销售服务

C. 完善农村经营管理体制

D. 提升农产品质量安全

E. 组织和协调农产品、农用生产资料市场体系建设

F. 管理和发布农业信息

G. 实施农业生态建设规划

H. 发展涉外事务

I. 促进农村科教文卫事业发展

J. 农村剩余劳动力转移方面的服务

28. 您认为农村目前管理较为薄弱的环节有哪些？

A. 劳动力素质　　B. 农业生产基础设施建设

C. 村庄规划　　D. 农村社会保障制度建设

F. 剩余劳动力安置和转移　　G. 农村环境基础设施

H. 公共卫生

I. 农村教育（义务教育和职能教育）

29. 以下哪些是影响政府有效履行职能的薄弱环节?

A. 法律依据不足　　　　B. 执法手段不足

C. 办公和装备等物质条件差

D. 运用现代化办公技术的意识不足

E. 公务员素质低　　　　F. 政府管理水平低

30. 您所在单位资金划拨的依据是什么?

A. 根据项目规划及完成的目标综合考核

B. 根据下级政府及对口部门的申请

C. 单位领导说了算，想给谁就给谁

D. 其他

31. 您工作所在地是否提供保险服务?

A. 没有服务。农业风险太大，没有保险公司愿意参保。政府财力有限，也无法提供政策性保险

B. 没有服务。农户不愿参加保险

C. 有服务。农户参保率较高

D. 有服务。农户参保率较低

感谢您对我们工作支持，您还有什么建议，请您写在下面：

___

___

___

参　考　文　献

"中国传统农业向现代农业转变的研究"课题组.1997. 从传统到现代：中国农业转型的研究（上）[J]. 农业经济问题（4)：24-31.

"中国传统农业向现代农业转变的研究"课题组.1997. 从传统到现代：中国农业转型的研究（中）[J]. 农业经济问题（5)：32-39.

"中国传统农业向现代农业转变的研究"课题组.1997. 从传统到现代：中国农业转型的研究（下）[J]. 农业经济问题（7)：36-43.

阿里·哈拉契米.2003. 政府业绩与质量测评—问题与经验 [M]. 广州：中山大学出版社.

奥斯本，特德·盖布勒.1996. 改革政府：企业家精神如何改革政府[M]. 上海：上海译文出版社.

彼得·罗西，霍华德·弗里索，马克·李普希.2002. 项目评估：方法与技术 [M]. 北京：华夏出版社.

蔡立辉.2002. 政府绩效评估的理念与方法分析（上）[J]. 中国人民大学学报（5)：93-100.

蔡立辉.2003. 西方国家政府绩效评估的理念及其启示（上）[J]. 清华大学学报（哲学社会科学版)（1)：76-83.

蔡小慎，贺利军.2004. 行政成本—效益分析：行政管理经济理性与社会理性的统一 [J]. 行政论坛（9)：12-15.

曹林奎. 高峰.2005. 中国现代农业的基本特征 [J]. 中国农学通报，7(21)：115-116.

曹素璋，高阳，张红宇.2008. 区域创新战略：欧盟的实践与启示 [J]. 科学学与科学技术管理（2)：71-75.

陈波.1999. 对国有企业改革的新制度经济学分析 [J]. 经济评论（5)：14-18.

陈孟平.2002. 发达国家农业现代化进程中政府行为研究 [J]. 北京农业

职业学院学报（6）：44-46.
陈孟平．2003. 农业现代化与政府行为［J］．北京社会科学（1）：126-131.
陈书全，杨林．2003. 行政成本的经济学分析［J］．江西行政学院学报（11）：32-34.
陈天祥，陈祺．2008. 政府绩效评估价值取向偏差性研究［J］．中山大学学报（1）：179-188.
陈晓成，但红敏．2004. 从机械效率、社会效率到后社会效率［J］．湖南行政学院学报（6）：41-42.
戴小枫，边全乐，付长亮．2007. 现代农业的发展内涵、特征与模式［J］．中国农学通报（3）：504-507.
丹尼斯·缪勒．1999. 公共选择理论（中文版）［M］．北京：中国社会科学出版社．
道格拉斯·诺斯．1994. 经济史中的结构与变迁［M］．上海：上海三联书店．
道格拉斯·诺斯．1994. 制度、制度变迁与经济绩效［M］．上海：上海三联书店．
道格拉斯·诺斯．1999. 经济运行的历史进程——纪念诺贝尔演讲［M］．上海：上海人民出版社．
道格拉斯·诺斯．1999. 西方世界的兴起［M］．北京：华夏出版社（2版）．
道格拉斯·诺斯．2003. 新制度经济学前沿［M］．北京：经济科学出版社．
杜彦坤．1999. 中国农业现代化管理特点及发展取向［J］．国际技术经济研究（2）：67-72.
冯海发，丁力．1998. 有关国家农业行政管理体制的设置及启示［J］．管理世界（3）：139-147.
弗朗茨．1993. X效率：理论、证据和运用［M］．上海：上海译文出版社．
顾焕章，王培志．1997. 论农业现代化的含义及其发展．江苏社会科学（1）：30-35.
郭玮．2003. 发达市场经济国家农业管理体制特点［J］．经济研究参考（40）：36-40.

郭翔宇，刘宏曼．2005. 比较优势与农业结构优化［M］．北京：中国农业出版社．

国务院研究室农业培训考察组．2000. 荷兰、法国农业产业化与农业宏观管理［J］．中国农村经济（1）：72－79.

何忠伟．2005. 现代农业技术的经济分析［M］．北京：中国农业出版社．

胡冰．2004. 韩国行政绩效评估制度给我们的启示［J］．西行政学院学报（6）：175－176.

黄季焜，胡瑞法，张林秀，Scott Rozelle. 2000. 中国农业科技投资经济［M］．北京：中国农业出版社．

黄健荣，等．2005. 公共管理新论［M］．北京：社会科学文献出版社．

黄祖辉，王朋．2008. 农村土地流转：现状、问题及对策——兼论土地流转对现代农业发展的影响［J］．浙江大学学报（人文社会科学版）（2）：38－47.

冀名峰．2003. 我国农林管理体制调查与分析［J］．经济研究参考（43）：33－37.

冀名峰．2003 我国农业管理体制现状及弊端［J］．调研世界（6）：14－16.

蒋和平，等．2003. 高新技术改造传统农业的思路与实践［M］．北京：中国农业出版社．

柯炳生．2007. 关于加快推进现代农业建设的若干思考［J］．农业经济问题（2）：18－23.

科思．1996. 财产与制度变迁［M］．上海：上海三联书店．

科斯，诺斯，威廉姆森，等．2003. 制度、契约与组织——从新制度经济学角度的透视［M］．北京：经济科学出版社．

李炳坤．2003. 农业管理体制改革——下一步该怎么走［J］．科学决策（7）：42－46.

李昌健，郭沛，等．2007. 农业行政管理体制改革有待深化［J］．农村工作通讯（10）：25－27.

李成贵．2007. 我国发展现代农业面临的主要问题和政策选择［J］．学习与探索（4）：120－123.

李文良，等．2003. 中国政府职能转变问题报告［M］．北京：中国发展出版社．

李向民．2001. 美国农业部的职能定位和机构调整［J］．调研世界（6）：

43 -47.
李章泽，孙鸣鹤．2007. 降低行政成本的制度分析［J］．经济社会体制比较（6）：91 - 97.
里贾纳・E. 赫兹琳杰，等．2006. 非营利组织管理［M］．北京：中国人民大学出版社．
廖志鹏．2005. 政府在农业现代化中的主要职能及其运行障碍［J］．农村经济（6）：101 - 104.
林毅夫．2000. 再论制度、技术与中国农业发展［M］．北京：北京大学出版社．
刘华富，李小勇．2003. 行政管理体制改革的经济分析［J］．成都行政学院学报（12）：10 - 12.
刘任平，侯巍，罗高亮．2008. 我国公共部门绩效管理困境剖析及改善对策技术与创新管理（1）：85 - 87.
刘推静．2006. 构建基于科学发展观的政府绩效评估体系［J］．西经论坛（4）：18 - 21.
刘旭涛，许铭桂．2004 论绩效型政府及其构建思路［J］．中国行政管理（3）：10 - 15.
刘学信，王艺然，田景文．1991. 行政组织管理效率评价模型［J］．西南交通大学学报（4）：49 - 55.
刘英平，林志贵，沈祖诒．2006. 有效区分决策单元的数据包络分析方法［J］．系统工程理论与实践（3）：112 - 116.
卢荣善．2007. 经济学视角：日本农业现代化经验及其对中国的适用性研究［J］．农业经济问题（2）：95 - 100.
卢梭．1980. 社会契约论［M］．北京：商务印书馆．
卢现祥．1996. 西方新制度经济学［M］．北京：中国发展出版社．
罗必良，温思美，林家宏．2004. 市场化进程中的组织制度创新［M］．广州：广东经济出版社．
罗伯特．丹哈特．2002. 公共组织理论［M］．北京：华夏出版社．
罗颖．2003. 当前我国农业行政执法存在的问题及对策［J］．华中农业大学学报（社会科学版）（7）：57 - 60.
罗振宇．1999. 寻找市场失灵与政府干预的最佳结合点地方政府管理（8）：11 - 12.

马克·霍哲 . 2000. 公共部门业绩评估与改善［J］. 中国行政管理（3）: 36-40.

马克·G. 波波维奇 . 2002. 创建高绩效政府组织［M］. 北京：中国人民大学出版社 .

马克斯·韦伯 . 1997. 经济与社会（中文版）［M］. 北京：商务印书馆 .

马莹 . 2007. 加拿大农业行政管理与税收政策对我国的借鉴［J］. 中国畜牧杂志（6）：35-37.

梅德平 . 2003. 国家与制度变迁：新制度经济学的国家理论述评［J］. 高等函授学报（哲学社会科学版）（4）：1-4.

彭树人 . 2002. 入世与政府农业管理职能转换［J］. 山东省农业管理干部学院学报（3）：8-9.

钱克明 . 2001. 实现农业管理体制五转变［J］. 中国高校技术市场（12）: 32-33

钱克明 . 2003. 加入 WTO 与我国农业政策调整与创新［J］. 经济研究与参考（31）：31-32.

钱克明，等 . 2003. 农业经济与科技发展研究［M］. 北京：中国农业出版社 .

青木昌彦，奥野正宽，冈崎哲二 . 2002. 市场的作用—国家的作用［M］. 北京：中国发展出版社 .

青木昌彦 . 2003. 沿着均衡点演进的制度变迁［M］. 北京：经济科学出版社 .

青木昌彦 . 2006. 比较制度分析［M］. 上海：上海远东出版社 .

区保珠 . 2001. 入世与行政管理体制改革［J］. 改革与理论（12）：13-17.

史清华 . 1999. 农户经济增长与发展研究［M］. 北京：中国农业出版社 .

水佑次郎 . 1998. 发展经济学从贫困到富裕［M］. 北京：社会科学文献出版社 .

斯蒂格利兹 . 1999. 政治经济学［M］. 北京：北京春秋出版社 .

宋巧林 . 2004. 浅谈我国农业管理体制的改革［J］. 山西农经（3）: 44-46.

孙捷 . 2007. 我国政府行政成本变动趋势实证分析［J］. 辽宁行政学院学报（6）：21-25.

孙卓华 . 2005. 我国行政成本的经济分析［J］. 金融与经济（10）：46-47.

万琴．2005. 我国公共行政的效率问题与补救［J］．江西社会科学（2）：154－158.
王家合．2003. 行政组织创新的交易成本分析［J］．理论与探讨（3）：24－25.
王培志．1998. 制度因素对我国农业现代化影响的定量分析研究［J］．生态农业研究（4）：64－66.
王庆仁．1997. 行政决策成本与行政成本决策［J］．中国行政管理（4）：38.
王绍光．1999. 多元与统一——第三部门国际比较研究［M］．杭州：浙江人民出版社．
王永春，厉为民，等．2004. 论提高农业行政管理效率［J］．经济论坛（11）：103－105.
卫龙宝．1999. 农业发展中政府干预模式选择［J］．经济学家（5）：90－98.
温家宝．2004. 深化行政管理体制改革加快实现政府管理创新——在国家行政学院省部级干部政府管理创新与电子政务专题研究班上的讲话［J］．国家行政学院学报（1）：4－8.
文森特・奥斯特罗姆．1997. 制度分析与发展反思——问题与抉择［M］．北京：商务印书馆．
西奥多・W. 舒尔茨．1987. 改造传统农业［M］．北京：商务印书馆．
项朝阳，张思华．2004. 政府管理农业绩效评价［J］．甘肃行政学院学报（4）：66－67.
项朝阳，张思华．2005. 发达国家农业管理经验及对我国的启示［J］．理论月刊（6）：189－192.
邢建国．1991. 农业在历史发展中的作用分析［J］．江淮论坛（3）：59－64.
徐金强．2006. 现代农业的内涵、特征、类型及发展趋势初探［J］．山东省农业管理干部学院学报（2）：41－44.
徐仁辉，杨永年，张昕．2006. 公共组织行为［M］．北京：北京大学出版社．
徐双敏．2003. 我国实行政府绩效管理的可行性研究［J］．中南财经政法大学学报（5）：41－49.

徐晓宗.2004. 入世后政府管理体制创新研究［J］. 西华师范大学学报（哲社版）(1)：11-16.

徐友华.2003. 试论政府职能转变与社会中介组织的关系［J］. 安徽农业大学学报（社会科学版）(1).32-35.

亚巴泽尔.1997. 产权的经济学分析［M］. 上海：上海三联书店.

亚当·斯密.1982. 国民财富的性质和原因的研究. 商务印书馆.

严瑞珍，孔祥智，等.1997. 转轨时期农民行为与政府行为研究［J］. 经济学家（5)：63-70.

阎占定.2003. 入世后我国现代农业管理体制的构建［J］. 中南民族大学学报（社科版）(6)：82-84.

杨德辉，钟柳红，等.2008. 论加强行政效能建设的三大保障体系［J］. 创新（1)：10-15.

杨建顺.2006. 论政府职能转变的目标及其制度支撑［J］. 中国法学（6)：25.

杨万江.2001. 现代农业发展阶段及中国农业发展的农业比较［J］. 中国农村经济（1)：12-18.

杨文林.2003. 浅析现行农业管理体制的弊端及改革思路［J］. 宁夏农林科技（6)：80.

杨小凯，黄有光.1999. 专业化与经济组织——一种新型古典微观经济学框架［M］. 北京：经济科学出版社.

杨印生，李宁，李高亮.2007. 含标杆限定域的企业绩效评价 DEA 模型与方法研究［J］. 统计与决策（12)：174-176.

叶普万，白跃世.2002. 农业现代化问题研究述评［J］. 当代经济科学（9)：89-92.

袁毅，高旺盛，等.2003. 加入 WTO 后我国农业行政管理体制改革的认识与对策［J］. 农业经济问题（11)：58-61.

约瑟夫·熊彼特.1990. 经济发展理论［M］. 北京：商务印书馆.

张成福，党秀云.2007. 公共管理学［M］.2 版. 北京：中国人民大学出版社.

张红宇.2003. 中国农业管理体制：问题与前景［J］. 管理世界（7)：90-98.

张晓山.2006. 创新农业基本经营制度　发展现代农业［J］. 农业经济问

题（8）：4－9.

张再生．2006. 政府行政效率改善的人力资源管理机制研究［J］．美中公共管理（2）：1－3.

赵美玲．2008. 现代农业评价指标体系研究［J］．湖北行政学院学报（1）：65－68.

周志忍．2000. 公共性与行政效率研究［J］．中国行政管理（4）：41－44.

朱文兴，朱永涛．2004. 对行政成本居高的经济学分析与对策［J］．国际行政学院学报（3）：50－53.

卓越．2001. 行政成本的制度分析［J］．中国行政管理（3）：50－54.

邹东涛，席涛．2001. 制度变迁中的中国政府管理经济职能的分析［J］．管理世界（5）：13－23.

Alison，M. Dean，Christopher Kiu. 2002. Performance Monitoring and Quality Outcomes in Contracted Services［J］. International Journal of Quality & Reliability Management，Vol. 19，Iss：4，pp. 396－413.

Anderson，K. Rodney Tyers. 1986. Agricultural Policies of Industrial Countries and their Effects on Traditional Food Exporters［J］，The Economic Record，vol. 62，Iss：179，pp. 385－399.

Boyne，G. 2001. Planning，performance and public services［J］. Public Administration，Vol. 79，No. 41，pp. 73－88.

Buckwell，A，Tangermann. 1999. S. Agricultural Policy Issues of European Integration：The Future of Direct Payments in the Context of Eastern Enlargement and the WTO［M］. MOCT－MOST：Economic in Transitional Economies，Vol. 9，No.（3），pp：229－254.

Donald，F. Kettl，H. Brinton Milward. 1996. The state of public management［M］. printed by The Johns Hopkins University Press，pp：200－336.

Dunleary，P and Hooc. C. 1994. From old public administration to new public management［J］. Public，Money and Management，Vol. 14，No. 3，pp9－16.

Edward Elgar Khan，M. 2002. State Failure in Developing Countries and Strategies of Institutional Reform，Paper for World Bank ABCDE Conference［OL］. http：//www. gsdrc. org/docs/open/CC13. pdf.

George，A. Larbi. 1999. The New Public Management Approach and Crisis States. United Nations Research Institute for Social Development［OL］. UNRISD discussion Paper No. 112，September. http：//www. pogar. org/publications/other/unrisd/dp112. pdf.

George，W. Hammond，Mehmet S. Tosun. 2009. The Impact of Local Decentralization on Economic Growth：Evidence from U. S. Counties. IZA DP No. 4574［OL］. http：//ftp. iza. org/dp4574. pdf.

Grey，A and Jenkins，B. 1995. From public administration to public management：reassessing a revolution?［J］. Public Administration，Vol. 73，No. 1，pp. 75－100.

Jerrell D. Coggburn，Saundra K. Schneider. 2003. The Quality of Management and Government Performance：An Empirical Analysis of the American States［J］. Public Administration Review，Vol. 63，No. 2，pp. 206－213.

Jim Monke. Renée Johnson. 2010. Actual Farm Bill Spending and Cost Estimates. Congressional Research Service R41195［OL］. www. crs. gov.

Kate McLaughlin. Stephen P. Osborne，Ewan Ferlie. 2002. New Public Management：Current Trends and Future Prospects［M］. Printed by Routledge（London）.

Lisa A Schwartz. 1994. The Role of the Private Sector in Agricultural Extension：Economic Analysis and Case Studies［OL］. NETWORK PAPER 48. http：//www. rimisp. org/agren03/documentos/agren48. pdf. pp. 1－67.

Martin Minogue. 1999. Public Management and Regulatory Governance：Problems of Policy Transfer to Developing Countries［J］. Centre on regulation and competition working paper series no 32，pp1－26.

Michael Hubbard. 1995. The "New Public Management" and the Reform Of Public Services to Agriculture In Adjusting Economies：the Role of Contracting［J］，Edit in book of Food Policy.，Vol. 20，Iss. 6，pp. 529－536.

Mildred Warner and Amir Hefetz. 2009. Trends In Public and Contracted Government Services From 2002 to 2007［OL］. http：//reason. org/files/pb80 _ privatization _ trends. pdf.

Mildred E. Warner. 2006. Market－Based Governance and the Challenge for

Rural Governments: U. S. Trends [J] . Social Policy and Administration, Vol. 40, Iss. 6, pp. 612 - 631.

Paul D Epstein. 2002. Evolving Roles for Auditors in Government Performance Measurement [J] . The Journal of Government Financial Management, pp: 26 - 33.

Renée Johnson, Jim Monke. 2010. What Is the "Farm Bill"? . Congressional Research Service RS22131 [OL] . www. crs. gov.

Richard E. Brown, James B. Pyers. 1988. Putting Teeth into the Efficiency and Effectiveness of Public Services [J] . Public Administration Review, Vol. 48, No. 3, pp. 735 - 742.

Robert D, Behn. 2003. Why Measure Performance? Different Purposes Require Different Measures. Public Administration Review. Vol. 63. No. 5. pp. 586 - 606.

Sally Marsh, David Pannell. 1998. The Changing Relationship Between Private and Public Sector Agricultural Extension In Australia [J] . Rural Society: Vol. 8, No. 2, pp. 133 - 151.

Scott Farrow, Michael Toman. 1998. Using Environmental Benefit-Cost Analysis to Improve Government Performance [EB/OL] . Discussion Paper 99 - 11. 1998, (11), http: //www. rff. Org.

Wallace E. Huffman and Richard E. Just. 1994. Funding, Structure, and Management of Public agricultural Research in the United States [J] . American journal of agricultural economics, Vol. 76, No. 4, pp. 744 - 759.

Williamson, O. E. 2000. The New Institutional Economics: Taking Stock Looking Ahead [J] . Journal of Economic Literature. Vol. 38, No. 3, pp. 595 - 613.

Willy McCourt, Martin Minogue. 2008. The Internationalization of Public Management: Reinventing the Third World State [M], Printed by Edward Elgar. pp. 200 - 256.

Ylli Bicoku, Ilir Peqini. 2002. Private Extension in Albania: Impact of Albanian Fertilizer and Agri-Business Dealers Association on Farmers Adoption of Technology [J] . Journal of International Agricultural and Extension Education, Vol. 9, No. 1, pp: 47 - 55.

后　记

从生产力和生产关系相适应的角度来说，如果生产关系不能适应生产力的需求，就会成为生产力的阻碍。我国正处在由传统农业到现代农业转变的关键时期，现代农业对其制度环境和制度安排有新的要求。但是我国的农业行政管理体制仍带有较强的计划经济色彩，突出表现为部门分割、产业分割，部门之间职责不清。现代农业背景下使农业生产和其他产业如工业、商业等产业的关系日益密切，传统的农业行政管理体制不能适应这种变化，如果不进行变革，必然会成为现代农业发展中的枷锁。随着其他部门行政管理体制改革的深入，农业行政管理体制必将面临重大变革。在这种情况下，本书想做一些理论上的尝试，从理念转型、职能转型和架构转型三个方面提出了农业行政管理体制改革的理论框架。但是应该看到，农业行政管理体制改革涉及的因素较多，背景较为复杂，我国的制度环境和发达国家也存在较大差距，因此，我国农业行政管理体制改革应该走什么样的道路，以及改革的细节等还需要进一步研究。本项目的相关成果可以为后续研究提供一些理论借鉴。

本书是黑龙江省社科基金项目《农业行政管理体制的创新研究》（课题号：08D005）的最终成果。本项目历时三年，从建立项目意向、立项到研究报告的撰写，都经历过课题组成员的反复论证，最终于 2011 年底完成，并且被鉴定为优秀。本书的作者之一张梅是东北农业大学经济管理学字副教授，长期以来从事农业经济与管理的理论研究；另一位作者刘国民是政府工作人员，一直从事和负责农业经济理论的研究与宣传工作。二人合著使本书既能体现作者的理论功力，体现思想的理论深度，还能实现理论与实践的结合。本书分十章，其中第一、二、三、四、七章为张梅所写，第五、六、八、九、十章为刘国民主笔。

最后，我要把最诚挚的感谢送给我的老师、亲人、朋友。是他们，在我迷茫的时候给我指点迷津、谆谆教导，多次耳提面命，让我豁然开朗，坚定研究的方向，尤其是一些理论研究方法的传授，给了我一种新的思考问题的方式和逻辑，将让我受益终生；是他们，不厌其烦地帮我收集资料、实地调研，并多次进行项目论证和讨论，有他们陪伴，是与智慧同行的过程，让我忘却科研的枯燥，体验到合作的乐趣；是他们，让我远离生活中的种种干扰和不快，轻装上阵、从容前行。感谢我的老师们，愿他们身体康健；感谢我的朋友，愿棠棣之花在我们之间永远盛开；感谢我的亲人，愿他们一生平安！

路漫漫其修远兮，吾将上下而求索。我将继续沿着前辈和智者的足迹前行，虽粹尽心力亦无悔！

张梅